规则

龙波 ———— 主编

徐川 王林 ———— 参编

用规则的确定性
应对结果的不确定性

U0348551

机械工业出版社
China Machine Press

图书在版编目（CIP）数据

规则：用规则的确定性应对结果的不确定性 / 龙波主编 . -- 北京：机械工业出版社，
2021.7（2022.10 重印）
ISBN 978-7-111-68640-8

I.①规…　II.①龙…　III.①通信企业 - 企业管理 - 经验 - 深圳　IV.①F632.765.3

中国版本图书馆 CIP 数据核字（2021）第 132589 号

不管是苹果、宝马、丰田、可口可乐还是华为，每一家跨国公司背后都有说不完的创新故事，它们似乎是由一次次产品领先、一次次营销创新赢得了市场，但往深一看，似乎又有着它们的"成功之路"，有的企业甚至把自己的方法论变成了咨询业务，比如 IBM 的咨询业务、丰田的丰田之道、惠普的惠普之道。

华为作为中国走向世界的典范，花费近 50 亿美元咨询费学习了全世界的先进方法论，任正非先生曾在 2014 年"蓝血十杰"颁奖典礼上表示，"华为之所以有这样的成绩，是因为过去十多年认认真真、恭恭敬敬地学习了西方管理体系"。

彼得·德鲁克也曾表达管理的本质 90% 是相通的，本书试图通过采访华为前高管团队，结合乔诺咨询深度辅导成功的企业案例，剖析管理背后相通的"规则"，帮助更多有追求的企业用规则的确定性应对结果的不确定性。

规则：用规则的确定性应对结果的不确定性

出版发行：机械工业出版社（北京市西城区百万庄大街 22 号　邮政编码：100037）

责任编辑：石美华　刘新艳　　　　　　　　　责任校对：马荣敏
印　　刷：固安县铭成印刷有限公司　　　　　版　　次：2022 年 10 月第 1 版第 3 次印刷
开　　本：170mm×230mm　1/16　　　　　　印　　张：18
书　　号：ISBN 978-7-111-68640-8　　　　　定　　价：79.00 元

客服电话：（010）88361066　68326294

唯有规则，才能长久

1994 年，任正非在华为内部发表了《赴美考察散记》，其中一段内容如下：

华为被历史摆在了一个不进则退的地位，科海无边，回头无岸，错过了发展机遇，将会全军覆没。值得庆幸的一点是，我们的员工个人素质都不比美国公司差。因此，赶上美国，十分重要的一条就是改善管理。

2014 年，任正非在华为公司"蓝血十杰颁奖典礼"上的讲话中提到：

西方公司自科学管理运动以来，历经百年锤炼出的现代企业管理体系，凝聚了无数企业盛衰的经验教训，是人类智慧的结晶，是人类的宝贵财富。我们应当用谦虚的态度下大力气把它系统地学过来。只有建立起现代企业管理体系，我们的一切努力才能导向结果，我们的大规模产品创新才能导向商业成功，我们的经验和知识才得以积累和传承，我们才能真正实现站在巨人肩膀上的进步。

近 20 年来，华为先后进行了一系列管理改革，包括市场部大辞职，起草《华为基本法》，引入集成产品开发（IPD）、集成供应链（ISC）、财经四统一、从战略到执行（DSTE）、从线索到回款（LTC）、集成财经转型（IFS）、从问题到解决（ITR）、集成产品营销与销售（IPMS）、干部管理等。从本质上来讲，就是把能够规则化的事情都规则化了。任正非 2015 年引用了周其仁教授的一句话对管理改革的成效进行概括——用规则的确定性来应对结果的不确定性。

正是这些"规则"，让华为这个组织变得日益强大。华为的运营商业务、消费者业务、企业网业务均在全球有出色的表现。在 2019 年 5 月 16 日遭到美国制裁之后，华为依旧表现出了顽强的组织能力。

中国企业与西方公司不一样，没有经历过科学管理运动，我们在企业的运营管理中习惯于依靠直觉和经验，决策的随意性大，缺少踏踏实实建设体系和规则的精神，常常掉进同一条河，甚至一些活了几十年的企业都没有什么真正有价值的积累。

企业最大的浪费，是经验浪费。

一方面是企业自身的经验没有得到有效的传承与复制，另一方面是世界先进经验没有被学习，我们依旧用青春和巨大的代价在探索。牛顿那句"站在巨人肩膀上"的名言，似乎只是故事，并没有多少企业真正领悟到其精髓。

尽管很多商学院常常讲"诺基亚""摩托罗拉""柯达"等企业转型失败的案例，但事实却是没有规则而无法长大、没有管理而迅速衰亡的企业仍然多得举不胜举。中国的公司，更应该谦虚地学习如何成长为一家又大又强的公司。

诺基亚的手机业务虽然不再成功了，但是它曾经创造的GTM（走向市场）方法论却成为今天消费者行业的经典管理方法论，华为也在继承使用并用其创造了巨大价值。IBM虽然不再像当年那样如日中天，但是它的IPD却并没有衰亡，在成就着华为和一批一批从百亿迈向千亿的优秀企业。

企业会衰亡，规则却似乎并没有那么容易消失，从100多年前泰勒科学管理诞生至今，战略、产品、营销、供应链、财经、人力资源等各个领域都在细分出越来越多的管理规则。这些规则看似没有生命，实则最有生命，被一代一代继承、发展和改进。比如，华为版BLM（商业领导模型）就继承了Mercer、IBM等公司的方法论和华为长达30多年的实践，增加了很多要素，也裁剪了不少要素，IPD已经迭代了很多版本。

这些宝贵的财富，需要被更有效的企业继承，尤其是那些充满追求的企业。为了能够成就这些企业成为下一个行业领导者，为了能够帮助它们少走弯路，我创办了乔诺咨询。因为工作原因，我每年要深度走访50家以上各领域头部企业，并与其创始人保持深度交流。我由此深知中国企业家的不容易。一旦公司成立，客户、员工、供应商就开始对他们有所期待。企业的领导者必须与时俱进，从容面对外部环境和内部环境的变化，只有这样才能保持企业长期不被边缘化。在这条道路上，创业者时而因为正确的决策让企业走向辉煌，又时而因为错误的决策让企业走入困境。很少有企业能够像华为一样，成为常胜将军。

过去的十多年，我一直带着一个疑问——企业的成功真的可以复制吗？苹果、宝马、丰田、星巴克、肯德基、可口可乐、谷歌、亚马逊这些伟大的企业能诞生在中国吗？是什么在决定着这一切？

在创业过程中，一方面是面对企业家不同的挑战，另一方面我认识了华为不同业务集团的退休高管们，聆听他们讲述华为如何从一个落后的民营小企业走向世界舞台，又如何通过变革赢得世界级的竞争。我听这些华为高管讲了上百次，潜移默化中，我感受到通往成功的道路并非特属于华为和西方企业，似乎有着清晰的脉络。任正非在2015年年初接受BBC的采访时详尽地向世界讲述了华为的成长，并坦言华为就是学习了西方企业的管理体系，华为没有什么秘密，谁都可以学。这句话让我们对管理咨询的价值充满了信心。

华为前高管的分享和任正非的讲话，推动乔诺咨询进行大胆探索。乔诺咨询帮助各行业的头部企业开启了管理变革之路，方太、雅迪、华星光电、双胞胎、海大、立邦、太平鸟、宁德新能源、良信电器、恒生电子、迈瑞医疗等企业都与乔诺咨询开展了深度合作。在2020年这一由于疫情而异常艰难的年份，上面提及的企业却逆势大幅增长。这些企业的业绩显示了"规则"的力量。

这也坚定了我们写下本书的想法。本书作者之一徐川有创业经验，在世界500强企业做过高管，在大学任过教。他使用结构化的思维模型，对企业成功的密码进行了总结和归纳，以独特的第三方学习者的视角，参与写作本书。另一位作者王林在华为公司工作了23年，经历了华为从10亿到接近万亿的全部变革过程，他以局内人视角写作本书。

为写作本书，我们耗时18个月，访谈了二十多位华为前高管，形成大量一手材料。在此基础上，我们反复推敲，并邀请企业家试读，然后根据他们的反馈进行修改。其间说不尽的辛苦，只为打磨出一本对企业有实战价值的书。

本书根据企业发展的规律，分为四章。

第1章讲述华为如何用战略规划的方法论，让每一位员工都清晰地知道自己的战场在哪里，机会在哪里，业务增长的路径是什么。

第2章讲述华为如何通过学习西方管理规则，做出了全世界最出色的产品，打造出了一流的客户关系，赢得了世界范围的竞争。

第 3 章讲述华为怎样通过规则来确保组织持续充满活力。

第 4 章讲述华为如何通过领导力与价值观的规则让组织不偏离航道，实现长期的胜利。

我们坚信：唯有规则，才能长久！

龙　波

|目录|
· CONTENTS ·

第 4 章　用企业文化的确定性应对时代的不确定性　/ 217

用战略的确定性应对变化的不确定性

任正非曾经说："世界那么大，不需要抢占那么多地方，只要打进 10% 的高价值区域，抢占一部分高价值大数据流空间，我们就活下来了。"华为内部一直强调"聚焦主航道，抢占战略制高点"。任正非认为，踏踏实实做有限的事情，有所为，有所不为，坚持聚焦在某个高价值的领域，而不是全方位进攻，这样就能超越竞争对手。

在这个指引下，简单化是主旋律。简单也会带来开放，简单和开放会带来竞争力，而复杂会建立起"篱笆"。为简单的人，做简单、易于使用的产品，是未来的商业模式。复杂化的冲动时刻也会存在，因为组织中存在小团队，小团队为了争夺利益就会建立壁垒把事情复杂化，通过信息不对称，建立小团队的差异化优势。我们需要认清的现实是，外部环境以及企业内部环境的"布朗运动"杂乱无章，使方向是不确定的，企业家和管理者要运用战略的确定性，去应对这种不确定性。

华为战略规划发展史

企业的发展和能力建设的历程，是一个不断思考和解决问题的过程，战略规划流程是解决问题的工具，战略规划是企业按照战略规划流程进行的一个规定动作，其产出远不止一份战略规划书，或者幻灯片。华为的发展历程，就是以任正非为代表的华为创业团队在思考后提出问题并解决问题的过程。战略规划解决了部分任正非思考的问题，企业家提出问题，团队解决问题。

任正非思考路线图

任正非所带领的企业家团队，将华为从代理商发展为一家研发自己产品的企业，并不断优化产品，优化企业管理，直至成长为世界级的企业。他们一直在思索华为的方向、华为遇到的问题、企业的本质等。任正非说，他不会去写书，只会发表讲话和写文章。一路走来，任正非的演讲稿和文章反映了他思考的内容，也反映了华为在不同阶段遇到的核心问题。

- 1994 ～ 1996 年，任正非赴美国考察后提出："从来就没有什么神仙、皇帝，我们中华民族唯有踏踏实实，面对自己的弱点，才有可能振兴。世世代代繁荣梦的破灭，使我们更深地感觉到了技术上向美国学习，管理上向日本学习的深刻含义。"随后通过市场部大辞职，以及《华为基本法》的制定，华为落实了从游击队转向正规军，从人自为战、村自为战的"麻雀战"转向"阵地战"，优化管理，让员工参加管理，要改革一切不合理的流程。

- 1997 年，任正非提出学习以色列，在资源严重匮乏的荒漠上创造令人难以相信的奇迹。华为文化的特征是以客户为中心，为客户服务，因为只有服务才能换来商业利益，要以服务来定队伍建设的宗旨。任正非提出："我们要寻找一批真正认识管理的内涵和永恒的管理主题的志士仁人。早一些学管理，早一些主动。""烧不死的鸟就是凤凰"，这是华为人面对困难和挫折的价值观，也是华为挑选干部的价值标准。"我们要从管理上要效益，从管理效益中改善待遇。""我们提倡自觉地学习，特别是在实践中学习。"

- 1997 年年底，任正非访问了美国休斯公司、IBM 公司、贝尔实验室与惠普公司。任正非在文章中写道："美国人民的创新机制与创新精神留给我很深的印象。""信息潮的变幻莫测，快速的演变""不断地生，不断地亡"，是信息产业的特点。任正非说："企业缩小规模就会失去竞争力，扩大规模，不能有效管理，又面临死亡""这次访美我们重在学习管理，学习一个小公司向规模化转变，是怎么走出混沌的""寻找机会，抓住机会，是后进者的名言。创造机会，引导消费，是先驱者的座右铭""任何'时间晚了'的悲叹，都是无为者的自我解嘲""我们向美国人民学习他们的创新机制与创新精神，以促进我们更快地富强起来"。

- 1998～2000 年，华为引入西方科学管理体系，任正非提出二次创业。他提出："继承与发展，是我们第二次创业的主要问题。"华为第一次创业的特点是靠企业家行为。第二次创业的目标是可持续发展。任正非还提出："淡化企业家和强化职业化管理，要求我们逐步地开放高层民主""最大的敌人就是自己，战胜自己，是我们取得胜利的关键""创新的目的在于所创新的产品的高技术、高质量、高效率、高效益""持续改善管理，不做昙花一现的英雄""一切不能自我批判的干部将全部免职，不能再承担管理工作"。在此期间，任正非反复提到自我批判，华为学西方的态度是"削足适履"[⊖]。任正非还写下了著名的《华为的冬天》："十年来我天天思考的都是失败，对成功视而不见，也没有什么荣誉感、自豪感，而是危机感""凡是要保自己利益的

⊖　指当人和新的管理理念不适应的时候，改变人去适应新的管理理念。

人，要免除他的职务，他已经是变革的绊脚石""有些人没犯过一次错误，因为他一件事情都没做""自我批判是思想、品德、素质、技能创新的优良工具""面对变革要有一颗平常心，要有承受变革的心理素质""没有预见，没有预防，就会冻死。那时，谁有棉衣，谁就活下来了"。

- 2001 年，任正非喊出了："雄赳赳、气昂昂，跨过太平洋……要在海外市场的搏击中，熟悉市场，赢得市场，培养和造就干部队伍……我们要选择在这样一个世纪交换的历史时刻，主动地迈出我们融合到世界主流的一步……难道它不正承载着我们那要实现顾客梦想，成为世界一流设备供应商的使命和责任吗?"这一年，任正非还经历了母亲的去世，他写下了《我的父亲母亲》，这不仅仅是寄托哀思，也是华为给时代的一个交代，只是当时很多人没有看懂。"我也因此理解了要奋斗就会有牺牲，华为的成功，使我失去了孝敬父母的机会与责任，也销蚀了自己的健康。回顾我自己已走过的历史，扪心自问，我一生无愧于祖国，无愧于人民，无愧于事业与员工，无愧于朋友，唯一有愧的是对不起父母，没条件时没有照顾他们，有条件时也没有照顾他们。"每个人遇到重大变故，都会追溯自己的使命和历史定位，华为所提出的使命，既是任正非本人的，也是华为的。

- 2002 ~ 2006 年，任正非说："迎接挑战，苦练内功，迎接春天的到来。"他说到几个关键点：人的能力提升，公司规模，客户关系，活下来，海外市场，新思维、新方法和创造性的工作，现金流，建立广泛的同盟军，大力支持海外的拓展。他提出不能技术导向，要提高管理效率，并再次提到"自我批判"，还首次提出灰色观念。他亲自写了文章"华为的愿景、使命和价值观"，激励海外将士，并希望华为大学成为将军的摇篮。

- 2007～2008年，任正非谈到，要快乐地度过充满困难的一生，明确了"以奋斗者为本，长期坚持艰苦奋斗"的核心价值观，明确提出"一线员工可以不奋斗，但干部一定要奋斗"。另外他多次谈到内控，明确了自检、内控检查与评估、授权体系建设这三项工作的责任人就是流程负责人，高管是建立内控环境的首要负责人。他向新员工推荐了四篇文章——《致加西亚的信》《致新员工书》《天道酬勤》和《华为的核心价值观》，并建议哈佛讨论式的学习。提到"狼狈计划"⊖的合作模式，他明确说到授权，以及在实战和自我批判中培养将军。

- 2009～2011年，任正非开始谈到非常著名的一句话"一线呼唤炮火"，也说到妥协、灰度和包容。一线呼唤炮火，就是从中央集权到分权制衡，向美国海军陆战队学一线授

⊖ "狼狈计划"是华为管理智慧的结晶，任正非认为"正职要敢于进攻，是狼的标准；副职要精于管理，是狈的行为"。狼是组织开疆拓土不可或缺的力量。狈是组织稳固后必不可少的能量。组织取得胜利，既要有"狼"负责打江山，又要有"狈"负责守江山，支持"狼"的进攻。"狼"与"狈"各司其职，互补互助，共同促进组织的良性发展。

权。"华为长期坚持的创新战略，是基于'鲜花插在牛粪上'[⊖]的战略。"华为不搞培训制，只搞选拔制。

- 2012年至今，华为推行轮值CEO（后期改为轮值董事长）机制。华为提出"力出一孔，利出一孔"的原则，面向未来，强调对未来的投资，以客户的未来为基础建立自己的未来，把钱消耗掉，把能力培养出来。任正非说，华为不需要热血沸腾，需要的是"积跬步以至千里"的乌龟精神。在此阶段，任正非以热力学第一定律，形象地提出了企业管理要"熵减"，也谈到了很多基础性的管理工作：绩效管理，靠自己，控制欲望，回归管理本质，克服困难，在实战中培养干部，反腐，让"雷锋"拿钱，超越美国，做谦虚的领导者，握紧拳头，边作战边赋能，涨工资降福利……战略、流程、激励等。这个阶段是华为管理思想全面体系化的重要阶段，任正非在这个阶段发文特别多。为避免老旧的规则和制度阻碍企业发展，华为还特地发布了内部"日落法"……

在任正非的思考长河中，他的自我批判意识非常强。华为从一家小公司逐步成长，建立体系，反复优化体系，即使经过IT寒冬，也长期持续地保持高速增长，在问题来临前就开始思考，解决了一个又一个问题。在这个过程中，华为的核心竞争力也在持续提升。从华为战略规划的发展历程中，我们可以看到华为的变

⊖ 指不离开传统去盲目创新，而是基于原有的存在去开放，去创新。后半句是"鲜花长好后，又成为新的牛粪，我们永远基于存在的基础去创新"。

革，而这些变革和战略规划，都是在回应任正非这一系列的思考。

第一阶段：创业期的模糊战略

华为在成立之初，也是有战略的，只是最开始没有那么显化而已。华为起初是做代理的，然后通过构建研发和供应链体系，逐步有了自己的核心产品。当时华为的目标领域还是通信，市场重点是国内中低端市场。当时的销售额为 20 多亿元，作为小公司，华为是活下来了，有利润、有产品、有点儿地盘。任正非对华为有一个大的方向，他有个愿景，就是未来通信市场三分天下，华为有其一。任正非去美国考察后，启动了《华为基本法》的制定，它是对华为业务方向和业务思路的概括。在这之前，公司内部对于华为下一步何去何从，管理体系如何建立，组织结构怎么设置众说纷纭，思想并不统一。任正非很着急，说不清楚该怎么办，所以他当时说要统一思想，并让中国人民大学的教授起草《华为基本法》。其实《华为基本法》除了起草初期之外没有大力推行过，它的制定过程大于它的结果，当时主要是大家一起不断地讨论，最终达成共识。比如，华为要有自己的核心技术，人力资本的增值优先于财务资本的增值等一些大的原则。一旦方向和原则有了，大家慢慢就达成一致了，不同的声音就消失了。

战略管理是一个动作，其背后是华为管理体系的建立。在华为的销售额只有 20 多亿元的时候，任正非就非常重视管理，强调以客户为中心，服务是方向，管理是保障。企业内部的这些动作，必须有统一的方向，形成合力，这样战略管理才能逐渐介入。任正非最早的时候虽然没有提战略，但其实他对战略的理解主要体现在服务和管理方面，他通过主要抓这两个方面，最后提升了公司的整体能力。华为与其他很多公司的最大区别在于，其他公司重点抓业务，即产品、客户和市场，而华为很早就把管理放在很高的位置上，并将其作为战略的一部分，即使销售额到了 7000 多亿元还在持续抓管理。华为在管理规范化以后，每年都做战略规划，并在做完战略规划后启动管理变革。管理变革就是找到组织能力可以提升的点，通过流程再造、人力资源管理变革、IT 同步改进等措施，支撑业务的发展。华为的这个思路 20 多年基本上没变过，只是方法在变化。

第二阶段：40 亿美元学费师从 IBM

1997 年圣诞节前一周，任正非在近距离地考察了休斯、朗讯和惠普三家世界级企业之后，将考察重点放在 IBM 这家最具美国特色的企业上。虽然圣诞节前夕美国各大企业都已经放假了，但 IBM 包括 CEO 郭士纳在内的高层领导均照常上班，并真诚而系统地向任正非介绍了他们的管理内涵。1998 年 8 月 10 日，任正非召集了由上百位副总裁和总监级干部参加的管理会议，宣布华为与 IBM 合作的"IT 策略与规划"项目正式启动，内容包括华为未来 3 ～ 5 年向世界级企业转型所需开展的 IPD（集成产品开发）、ISC（集成供应链）、IT 系统重整、财务四统一等八个管理变革项目。

当时 IBM 给华为的诊断是：

- 缺乏关注准确、前瞻性的客户需求，反复做无用功，浪费资源，造成高成本。
- 没有跨部门的结构化流程，各部门都有自己的流程，但各部门流程之间靠人工衔接，运作过程被割裂。
- 组织上存在本位主义，"部门墙"高耸，各个部门各自为政，造成内耗。
- 专业技能不足，作业不规范。
- 依赖个人英雄，而且这些英雄难以复制。
- 项目计划无效且实施混乱，无变更控制，版本泛滥。

......

这时候的华为，战略规划的焦点还是产品，因为如果产品方向错了的话，整个公司的方向就错了，毕竟华为还是一个卖产品的公司。这个时期，华为在研发部下面成立了一个"战略规划办"负责战略，这个"战略"不是公司战略，而是产品战略，它只研究产品方向，因为华为觉得要把产品下一步怎么发展的问题解决掉，这是整个产品战略。

第三阶段：引入美世咨询公司的组织规划

虽然华为在 1998 年启动了 IPD 变革，但当时对接 IBM 主要是做整个研发体系的变革。IBM 给华为的建议中，有一句话是"市场驱动、客户需求驱动的一个产品开发管理体系"。市场和客户需求到底怎么驱动研发？这个问题计划在变革的第二步解决，但是到 2002 年冬天整个 IPD 变革以后，就暂时停下来了。存在的问题是，产品研发的方向没有一个体系作为保障，研发体系就没有一个方向的引导。之前是靠少数"个人英雄"对未来方向的理解和把握，期待他们能带领研发走向正确的方向，但是如果少数的"个人英雄"不在了或者出现偏差，研发方向就会出大问题。比如，在李一男出走前后，华为的研发方向就出了较大的问题。

2004 年，华为邀请美国的美世咨询公司，为华为提供决策机制方面的咨询。后来，华为的七位常务副总裁轮流担任 COO，每半年轮值一次，轮了八年。后来逐渐演变成轮值 CEO 制度。

美世咨询公司给华为做的组织结构的咨询，给了华为以下几个方面的建议。

- 以前在做战略决策、方向性的决策时没有形成管理班子，还是以任正非为主。任正非跟大家一商量，把大的东西定了，并没有一个体系。美世咨询公司的建议是，建立管理班子，于是当时成立了经营管理团队（EMT），主要成员是任正非和一些高管。这样战略和经营就有一个地方做决策了。
- 战略没有一个部门去承载，于是成立了战略部。

- 组织上缺了"marketing"，以前的重点是研发和销售，缺了一个市场部。当时的销售部叫市场部，于是华为的市场部用"Marketing"来命名，是华为唯一用英文命名的一级部门。后来，销售部改回了"销售部"的名字，市场部也就叫作"市场部"了。市场部重点解决公司产品的发展方向问题，产品的发展方向是客户需求导向的，市场部负责研究客户需求。这就是成立市场部的组织逻辑。市场部建立以后，客户需求研究及产品方向的规划，就从组织上落实下来了，摆脱了人治。

到这个阶段，华为的战略规划体系就基本上成熟了。华为在这次组织结构改革以后，从原来的产品方向靠高层拍脑袋，变为产品方向有组织承载了。因为有决策机构和流程保障，自从战略和"marketing"体系建立了以后，华为的战略基本上没出现过致命性错误。很多人，包括华为的客户，问任正非"华为的战略是什么"，他们认为他作为最高层领导肯定要管战略，但是任正非的回答出乎他们的意料，他说："华为没有战略。如果有，华为的战略就是活下去！"其实华为就是客户需求驱动，客户要什么他们做什么。华为在产品方向的演变上很灵活，产品在变但是魂没丢，魂还是满足客户需求。在电子信息这个领域里，以前是固定电话通信，后来手机兴起了，华为也从固网通信进入移动通信领域。以后大家都用计算机联网了，华为就进入互联网通信，其实也是连接。华为在这个领域不断地往前走，从运营商市场到企业市场，再到后来的大众市场。华为先跟朗讯、爱立信竞争，然后跟思科、IBM 竞争，现在跟苹果、三星竞争，未来可能会跟特斯拉竞争。华为发展到 1000 亿美元的销售额，还要求每年的增长率达到 20% 左右，这是非常罕见的。在通信和 IT 领域，一般在做到一定规模以后，能维持 10% 的增长就非常不错了。IBM 的销售额达到了 1000 亿美元以后，基本上就在这个数字上下徘徊，一直无法突破。思科在销售额达到 400 亿美元后，每年只增长 3%～5%。惠普也基本上是拆、合、买，规模不增长了。因为企业在一个业务领域到了一定的天花板后，该做的都做完了，然后就只能被动地跟随市场的自然增长。华为是唯一一家能做到固定通信、移动通信、互联网、手机"通吃"的企业。在战略上讲，这是非常具有挑战性的事情，一是因为规模太大，二是因为业务的形态、规律都不一样，把不同的业务放在一家公司里并把它们管好是非常不容易的，企业的管理能力非常重要。

从整个战略来看，华为好像很激进，一直往前走，实际上华为其实很保守，因为它一直有明确的边界，一直在通信领域里创造价值。中国的市场机会很多，金融、房地产和很多其他业务领域，都在跟随中国的整体经济高速增长，华为守住的这个领域，是高技术投入的领域，华为抓住了这个点。一直以来，华为深耕通信领域这个战略在整个业务未来的方向上没有走偏，虽然看起来好像业务范围不断扩大，但是方向上没有走偏，所以说华为很有战略的定力。《华为基本法》圈定了竞争领域，虽说后来又有微调，但在那时统一了思想以后，一直执行得非常好。

第四阶段：战略规划区域化

2005 年，华为把战略规划的职能扩展到了区域，从此华为的战略规划不仅仅是总部的工作了。在这之前，华为的战略规划有了流程和决策体系，但在战略落地的过程中，是以总部决策为主的，即总部决策，区域执行。2005 年，华为的区域组织也开始做战略规划。最开始的设想是，提升区域战略思考的能力。在授权一线团队参与战略规划的过程中，华为发现，因为一线团队离客户最近，往往更能代表客户的观点。这个时候，华为的管理者意识到，只有区域深度参与的战略制定才能真正把以客户为中心的思想更好地体现出来。

离客户最近的是活跃在一线的销售部和市场部，他们在区域中进行市场推广，几乎每天都跟客户在一起，能敏锐地感觉到客户需求的变化。如果让一线团队参与战略规划，他们能够代表客户牵引公司不断地往前走。对比很多公司采用的事业部制度，华为的选择不太一样。形象地说，华为的管理体系中有两个"脑子"，一个是从上往下的，即产品线的战略，另一个是从下往上的，即地区部和代表处组成的区域单元的战略，这个区域单元就是一个战略单元，对收入和利润负责，领导和协同区域中方方面面的事情。

　　华为开始让区域做战略规划以后，一线区域团队对产品的反馈，在确定方向、驱动和纠偏中起了非常大的作用。有时候总部在做产品规划时，虽然想得很好，但由于没有深入到"战场"中，导致可能出现错误，或者战略规划部门的人，虽然原来是从一线升上去的，但是在总部当领导时间长了，对一线的感觉不那么准了，如果这个人还是凭以往的经验做战略规划、方向规划（可能市场已经变了，而他不知道），也有可能出现错误。当他们出现错误时，一线往往可以帮他们纠偏。在战略规划中，一线区域团队的权力不小，可以不听总部的。一线区域团队要参与战略规划，还要向总部汇报，参与评审和评比。

　　从 2005 年开始，华为中离客户近的团队逐渐有了战略规划的权力，慢慢地就实现了客户需求驱动战略。高科技领域的技术不断变化，企业必须把决策中心放下去，让组织中能够感觉到市场和方向的人来决策，他们知道客户的需求。2005 年以后，华为开始让区域做战略规划后，能够不断地满足客户需求，即使战略规划的方向错了，还可以拉回来，因为搭配的人力资源考核体系、价值体系可以提供这个拉力。通信行业的很多公司，战略管理体系很完善，管理水平也很高，而且过去一直很成功，但是当市场需求和环境变化时，它们就跟不上了。比如原来做手机的爱立信、诺基亚，加拿大的北电网络，都有完备的战略管理体系，对未来市场的理解也都是对的，但是上下脱节，执行力不行。战略规划的问题，在很大程度上是执行出了问题。

战略管理中，除战略规划外还包括战略配套。华为的一线区域团队对整个产品的收入和利润负责，不归总部管理。也就是说，每个作战单元直接对公司负责，对最高层负责，而不是对产品线的总裁负责。一线区域团队为了完成自己的销售目标，完成自己的任务，看到问题以后会把它揭露出来。这样也确保了组织充满活力，对于华为来说，最重要的是基层、一线的活力。组织结构、权力体系和激励体系保证了组织充满活力，然后不断地满足客户的需求。

华为的整个战略管理是不断演进的。

方向的不确定性

任正非在《华为的冬天》中说："泰坦尼克号也是在一片欢呼声中出的海。而且我相信，这一天一定会到来。面对这样的未来，我们怎样来处理，我们是不是思考过？我们好多员工盲目自豪，盲目乐观，如果想过的人太少，也许就快来临了。居安思危，不是危言耸听……我们大家要一起来想，怎样才能活下去，也许才能存活得久一些。失败这一天一定会到来，大家要准备迎接，这是我从不动摇的看法，这是历史规律。"

企业家每天思考的事情是，如何避免失败，如何获得成功，但是方向在哪里呢？任正非说，仅仅靠加班、降薪和裁员就能解决的危机不是真正的危机，方向错了才是真正的危机。但方向是不确定的，如果只有唯一的选择，企业家也不会寝食难安。选择越多，意味着错的可能性越大。企业家主要的工作就是做决策，这是他们无法摆脱的命运，他们选择了做企业，就必须天天做决策。每一种决策方式都是有意义的，只不过当组织变得越来越大的时候，就像船大到"泰坦尼克号"这样，出了问题难以掉头。这个时候，企业家做的每个决策都可能给企业带来致命的影响。也就是说，组织的规模放大了不确定性。常见的决策方式有：蒙、靠运气、靠经验、靠知识、靠"知识＋经验"。经常说"我觉得"和"我认为"的人，决策方式就是蒙。

靠运气透着一些哲学理念，但实际上是机会主义的体现。比如，正好竞争对手态度恶劣，或者正好客户有一笔大预算，而且跟我们对路，生意就成了。有的企业确实运气比较好，这可能跟企业的声誉、信息量等有关，好运气可以带来收益。在战术层面，好运气是一个魔术师，经常变出我们想要的东西。但是在战略层面，机会主义会带来危害，会让组织失去方向，使组织无法解决不确定性的问题。华为在其他领域也赚过很多钱，但是华为没有宣传，因为这些快钱会让很多人迷失方向，会影响战略的清晰度。所以，机会可以放在战术层面，但不要放在战略层面。

靠经验决策的人，通俗讲就是只具有延长线思维。其代表就是"李云龙式"的干部，他们有强大的阅读能力和判断力，实战能力非常强。华为曾经把李云龙作为学习榜样，学习"亮剑精神"。这类干部是传统类型的干部，企业在初创阶段是靠他们打天下的。但如果企业从三、四线城市市场转战到一线城市市场后仍然纯粹靠经验，就会出问题。建设城市得依靠懂得城市建设的人，建设现代化的企业要使用现代化的方法和工具。

仅仅靠知识决策的人，就是纸上谈兵的赵括，就是马谡。赵括和马谡的结局，大家也都看到了。

靠"知识＋经验"决策的人可以理性做决策。企业可以让有知识的人获得经验，华为将大量新人放到基层锻炼，帮助他们获得经验；也可以让有经验的人获得知识，华为引入了大量咨询顾问，让员工从他们那里学习先进的管理理念，并且对此非常重视。

在庞大的组织中，很多人在做决策，以上的几种决策方式被同时使用，如同布朗运动，杂乱无章。如前面所说，组织的规模放大了不确定性，在这样的情况下，谁都不会知道组织会走向哪里。有时候企业家觉得自己的决策无法落实下去，殊不知企业内的每个人都在做决策，而且他们很可能做了与企业家方向不一样的决策。方向的不确定会使企业在某个时刻出现断崖式的下滑。

战略的确定性

战略的确定性就是，胜兵先胜而后求战。战略的意义，却不仅仅在于胜利。

战略的确定性：方向大致正确

人类在建造巴别塔时遇到了语言不通的障碍，最后功亏一篑。统一了语言的人类，拥有巨大的能量。在组织内部也是如此，往往大家讲着同一国语言，却并非统一的语言。华为为了统一语言引入 IPD，在 2004 年前后得到来自市场的意外回报。2004 年，美国电信设备供应商在欧洲遭遇阻力，给了华为机会。华为希望攻下西欧市场，其中拿下西班牙电信的订单比较顺利，因为西班牙电信跟华为语言统一，其规划的方法论和华为高度一致，双方交流直接切入流程。原来华为和西班牙电信有一个共同的老师——IBM。

一般人在身体不舒服的时候，才会去医院做检查，看看出了什么毛病，可如果是大病，一般都晚了。当然，现在也有些人有了体检的意识，每年都去体检，少数人还会做高端体检。企业也是如此，有些企业出了问题后病急乱投医，拆东墙补西墙，小问题可以解决，遇到大问题只能关张。为企业做战略规划，也是一个常规体检模式。因此，华为有五年规划，也有年度规划，同时考虑短期和长期。有人很瘦，以为营养不良，体检后发现脂肪肝，要素食。企业也是如此，有些表面上盈利的单元，是应该保留壮大，还是应该放弃，只有在全面"体检"后才能做出正确判断。华为曾经把旗下最赚钱的安圣电气卖给了艾默生，提前获得了大笔"过冬"资金，这不是所谓的"壮士断腕"，只是战略规划下的理性决策。

很多公司都说以客户为中心，可是如何衡量呢，或者做过衡量吗？德鲁克说，无法衡量的就无法管理。战略制定也是反复校准的过程，要回顾性地看、前瞻性地看，看是否对准了目标。小公司很好说，公司里的几个人彼此都认识。但当公司大了，公司里面都是"熟悉的陌生人"，则要通过战略规划来透视一下，彼此的目标是否一致，以及是否与公司的目标一致。举个例子，销售市场体系中的人会认为，只要能卖钱就行，哪怕是1元，而对于公司是花1000元还是1万元成本，他们不关心。研发体系中的人不关心市场是否成功，只关心他们所做的研发是不是全世界最领先的，因为当公司倒闭的时候，其他公司会招聘他们。这两种情况怎么平衡？答案是让战略来做这个平衡，将个人目标或者部门目标放在整个战略体系中检验一下，校准一下，不要搞"山头主义"。

常规化的战略规划可以消除方向的不确定性。统一的业务语言是基础，让大家可以高效地交流，而且是台面上的交流。拿个大镜子照照组织，对于企业的现状形成共识。以共识的现状为基础做决策，确保了方向不散乱。最后对于方向的检验，把大家的认知和资源都带到一个方向上来，达到华为所说的"力出一孔"。所以，战略就是决定不做什么，根本原因是资源的稀缺。

战略执行：战略定力

战略落地的过程也会遭遇"布朗运动"、缺乏战略耐性和穿新鞋走老路的问题。眼前利益永远是战略的最大敌人，是"人性"最亲密的朋友。管理者要帮助团队成员抵制眼前利益的诱惑，去争取更大的利益，这也是管理者的价值所在。

举例来说。两军对垒的时候，一方意识到飞机的战略意义，于是把一线最优秀的人组织起来造飞机。结果这一方造出来的第一架飞机因为质量不佳，刚起飞就落了下来，把自己人砸倒一片。这时候，狙击手部队的神枪手抗议说，把造飞机的钱和人给我，我可以多打死几个敌人。这时组织的战略耐性很重要，造飞机是战略选择，有战略耐性的组织会持续投资，直到研发出高品质的飞机。实际上大多数企业都会难以坚持，而把资金投给了"狙击手部门"。但当飞机通过研发和制造的迭代升级，可以顺利到达敌方阵营的时候，这场战争就基本宣告结束了。可有多少企业能看到这一天呢？华为在将无线软交换做出来之后，面临一个问题：推广还是不推广？推广的话就会损失现金流。负责市场和产品的人，一起投诉到任正非那里，任正非表达了两点意见：第一，要学会做弄潮儿；第二，自我否定是最舒服的。后来软交换就推广开来了，无线产品也随之快速成长起来了。

有效增长

有效增长，就是不在非战略机会上浪费战略资源。有效增长的第一个含义，是战略主航道上的增长，而且是逐年迭代的增长。有效增长能够实现战略意图，并牵引战略落地，这一点非常重要，管理层要真正理解其中的含义。华为经常出现这样的现象：当必须拿下的市场拿不下来时，即使是曾经立过赫赫战功的人，也会被迅速换下来，然后派新人上去继续冲。这样做就是为了实现有效增长。有效增长的第二个含义，是不断提升组织效率，总体上实现人力规模的增长慢于业务规模的增长，也就是说，人均生产力提升了，才能叫作有效增长。战略层面的项目，比较"耗油"，华为会给予战略补贴，确保不拖区域的后腿，在资源上体现整个公司的战略意图。

战略的朴素意思是：锅里有饭，仓里有米，田里有稻。做战略规划就是要吃着碗里的，看着锅里的，想着田里的。战略机会要均匀分布，产品全在碗里，或者全在田里，都很危险，因为锅里的需要去抢，田里的有不确定性。华为在 2G 时代基本上是从边际网入手，在 3G 时代也是先进入二类运营商的市场，一类运营商市场华为初期还进不去，到 4G 时代基本上一类运营商市场华为一开始就进去了，到 5G 时代，华为是核心标准制定者。能不断地随着产业迭代，并获得主力位置，其原因是华为一直在有效增长，这很重要，这也是一件很难的事，从 2000 年开始，华为对通信的理解分为三个阶段：通信即打电话、通信即服务、通信即互联网和人工智能。在整个过程中，华为的战略定位不断地升级，以战略牵引有效增长。

坚守战略主航道，要确保每一个战略的制定以之前的战略为基础。全球市场上反例很多，诺基亚曾经拥有手机市场的很大份额，但它"打了一个盹"——忽略了网络设备，到了智能手机时代，诺基亚被安卓和 iOS 打败。迫于形势，诺基亚与阿朗合并，但合并阻止不了下降的趋势，因为它的战略定位出了问题。但华为在不停地拆分，这是战略牵引有效增长带来的。当诺基亚手机超过了摩托罗拉手机的时候，诺基亚非常兴奋，因为摩托罗拉以前是手机的代名词，但是诺基亚的增长是有效的吗？有多少增长来自正确的战略定位？这是个值得深思的问题，华为整个的战略组织时刻在思考这个问题。

战略迭代

战略的升级和更新是迭代，不是替换。华为 30 多年的发展，有创业、聚焦国内、全球发展等不同阶段，最终从通信领域走向消费领域、泛 IT 领域，甚至 AI 领域。到现在为止，华为的核心战略目标仍然是活着，华为从没有"死"过，仅仅发生了迭代。华为的战略决策机制里面，一把手点头不算摇头算，确保战略目标一直存活着，点头的事情交给专家。华为一直在提，谨防向上堕落。企业内部会有人有这样的冲动，他们觉得战略有问题，动不动就想改变战略，看起来对组织很忠诚，其实是一种变相的向上堕落。华为曾经发起的市场部干部集体辞职再上岗，是一种自我批判。自我批判是任正非经常强调的一种精神，战略迭代也是在这样的自我批判中实现的，这是内在成长的动力。企业家都应该有自我批判的精神，因为这会促进战略的迭代。如果缺乏自我批判和战略迭代，危机将会引发向上堕落，公司战略将受到攻击。战略迭代，体现了华为对于战略变化的认知，这与华为对创新的态度是一样的。

战略牵引

方向大致正确，组织充满活力，是华为希望通过战略达到的组织状态。战略规划是一个滚动的过程，每年都要刷新、反思。战略规划流程是高层管理团队内部的一个协调过程。战略规划本身只是一个方法论，是用规则去协助整个高层管理团队把公司战略定位出来。战略定位了以后，其实方向不可能绝对正确，只能是大致正确。组织充满活力，是让员工从组织里面的舒适区走出来，用战略牵引真正优秀的人才，让他们在华为内部找到自己喜欢的机会。真正优秀的人才不会把钱放在首位，因为钱是把握住机会后自然而然的事。真正优秀的人首先关注发展机会，以及组织是否给他足够的机会。有些优秀人才冲锋陷阵把市场打下来后容易陷入懈怠，前锋变后卫，进攻变防守，躺在功劳簿上吃老本，这是组织人才资本的浪费，也不符合人才自身的发展诉求。用战略牵引人才，把人才放在合适的位置上，把组织能效发挥出来，组织才会充满活力。很多企业最担心的，就是真正优秀人才的流失，但它们的解决方案大多只是表面化的轮岗，而没有想过利用战略牵引人才在企业内部科学流动。

　　华为在年度规划后有述职的评测，半年时有个末位淘汰。战略目标执行得不好的核心高管要同时准备好两个报告，一个是述职报告，另一个是辞职报告。述职报告讲得好，就批准述职报告，述职报告讲得不好，就批准辞职报告。这样的战略牵引场景，是流程中很重要的一环。

　　再举个例子。销售经理年初领了两个任务：销售额 1000 万元，公司战略新产品进入苏州市场。到年底，销售额达到了 1500 万元，销售主管可能会下岗吗？答案是：会。因为销售额是下面的一线销售人员完成的，作为销售经理，不能只做"算加法"的工作，当然其中的管理工作不可抹杀，但主要功劳不是销售经理的。公司战略新产品进入苏州市场，是战略目标，没有完成意味着把战略高地拱手让给了对手，会给公司带来未来长期的损失。对不起，换人。对于华为来说，销售经理需要的素养是能跟运营商一把手打交道，跟这个很重要的生态圈的伙伴打交道，能破局。战略牵引要清晰，落到具体的人身上，才能拿到结果。提拔干部的时候一定要注意两点：一个是业务人员向管理人员转型，学习管理技能，用管理激活队伍；另一个是战略转身，使其成为战略牵引中的一环。

　　有个有趣的故事是这样的：一位游客去白马寺游访，叫小和尚请方丈出来聊一聊，谁知小和尚说没有方丈，只有住持。原因是方丈要处理庙内庙外小鬼的纠缠，前半年任命的方丈由于功力不够死了。现在的住持没有被任命为方丈，但主持工作，也没有性命之忧。这个故事虽然有杜撰之嫌，但背后的意思是说，在组织内部，每个职位上的人应该与能力相匹配。企业提拔干部的时候要谨慎，干部不仅要完成业绩，还要承担战略牵引的拉力，"功力"不够会很危险，甚至会影响其身心健康。

战略的牵引性，有些典型场景。大家可以看到，在很多电视剧中，当战斗队伍遇到较大的困难时，所有人都争抢战斗任务，抢不到任务还会难为情，这就是战略的牵引性。不要问原因和动机，至少这个战略的牵引是成功的，体现在组织活力上。如果面对组织任务，大家都推来推去，最后老是靠管理层推动，而不是有人去主动请愿，说明组织活力有问题，管理层没办法，只能用"金条"、封官许愿来推动，那么这个战略的牵引就是失败的，这个战略是推动型战略，不是牵引型战略。

战略控制点

好的企业很快就能做大，但并没有真正做强。为什么没有做强呢？因为它缺乏战略控制点。打造战略控制点，不断提升企业的战略控制力，最终就可以控制整个行业。华为成长壮大的过程，就是战略控制力逐渐增强的过程，没有战略控制点，战略是没有办法落地的，也没有太多的特殊性。现在的人性相对于一千年前、两千年前没有本质的变化，文化是人性的集合，所以企业的文化本质上不会有大的变化，变化的是技术和产品。

在完全竞争的市场中，只有市场份额的老大，才能获取最大的利润空间。余承东曾在就任无线产品线总裁的时候开座谈会，他说："我的字典里没有第二，余承东的字典里没有第二，无线这个产品，谁再说做第二谁就给我走人。"这话很残酷，不管你的基础怎么样，谁做第二立即走人。无论多大的目标，抓住战略控制点，就会有机会，这里的机会不仅仅是销量和利润，还有市场地位。

华为成功五要素

战略在华为的成功中扮演了什么角色？我们先一起看看华为成功基因——华为成功五要素，如下所示。

（1）战略——做正确的事，有战略耐性，力出一孔。

（2）人才——引入明白人，炸开金字塔，倡导赛马文化。

（3）运营——正确地做事，持续进行流程变革，听见炮火的做决策。

（4）创新——客户驱动创新，领先半步，鲜花插在牛粪上。

（5）激励——结果导向，不让"雷锋"吃亏，利出一孔。

其中通过战略规划体系解决做正确的事的问题排在最重要的位置。任正非经常在内部说，如果想了解华为今天做什么，看他三年前所说的，他三年前所说的就是华为今天在做的。如果想知道三年后华为做什么，就看他现在所说的。这就是战略规划的牵引和节奏感的体现。人们经常会讨论业界一些公司的起落，比如苹果公司的股价等，其实这些变化源自其两年来所做的事。有人会说，听起来也像是靠任正非拍脑袋，靠领袖。其实不是，里面是科学的决策。那么两年前怎么能预知今天的结果呢？这就要通过战略规划体系，搞清楚哪些事情才是公司要做的正确的事。对于一家公司正确的事，对于另一家公司就不一定正确。刚开始不赚钱，后来才赚钱的业务，才属于战略层面的业务单元。如果某个业务单元一开始就赚钱，这样的投资是机会主义的。在华为体系里，赚钱和不赚钱的平衡点是第三年当期盈利、五年累计盈利。通过战略规划体系，确保方向大致正确，三年后看结果。

引入明白人，炸开金字塔。所谓明白人，就是高手。凡事都有个正确的做法，明白这个做法的人，就是明白人。团队在前进的过程中，走着走着就会迷失。公司管理层会用各种方法去牵引团队，调整方向。比如，华为会阶段性地发出信息：下一步的干部提拔是有一线经验的，下一批的干部提拔是有海外经验的，下一级干部提拔是要有蓝军思维的……明白人就会知道公司的方向，并加紧跟随，带来的好处就是获得奖金、股权等。华为搞赛马文化、悬赏制、末位淘汰等，就是为了牵引大家明白"以奋斗者为本"这些精神，敢于扛着炸药包炸开金字塔。引入明白人的策略，也引发了华为在全球争夺人才。明白人进来了，老人怎么办？华为通过合理的轮岗给老人机会去自我提升，或者转行干审计和文化价值建设。

　　依靠流程和变革正确地做事。员工为战略服务，但是不应该感觉到战略的存在。基层员工不需要理解战略，但需要理解如何才能高效做事，拿到自己想要的收入。华为的流程是以客户为起点的，这样能确保流程上每个环节的价值。同时，华为又在不停地进行流程变革与优化，这样能确保流程一直是绷紧的，绷紧的流程就意味着高效。前面说过，华为要向管理要效益，一方面满足客户的高质低价要求，另一方面满足员工超过行业平均水平的收入要求。任正非鼓励华为做流程体系建设，同时又不断去挑战流程。他经常跟一线团队交流，结果是，如果流程建设得很完整，但并不最大化支持一线快速捕捉机会，那么对不起，这个流程就被带上了"伪流程"的帽子，进入整改。他经常举这个例子：我们坐在马车上拉牵马的绳子，如果五根绳子中，有两根是松的，三根是绷紧的，那么绷紧的三根留着，松的两根剪掉，因为这两根不但不受力，还因自重产生阻力，对另外三根有影响。企业也一样，在打造流程型组织的时候，一定要靠一线的决策来拉动整个流程体系，否则就会走入歧途。这样频繁地"拉绳子"，能避免流程对公司的消耗。华为有个"班长战争"，是为了打破部门墙，建立起任务型组织。华为的攻击模式是，当一线发现一个大的机会——10亿美元，但是市场上只有20个人，搞不定这个项目时，他们就呼叫战略后备干部队伍，此时战略资源立即过去饱和攻击、精准打击，打完仗以后，就赶紧撤回来，但会留一部分人，在属地任职。任正非曾经对一些老干部提意见，因为20

岁出头的大学毕业生愿意去非洲，拿下 10 亿美元的合同，但老人不愿意去，不愿意上前线。不上前线，如何实现班长战争？班长战争的胜利，是因为后面有个平台型组织。这些胜利，主要是流程带来的，背后是理性的流程在发挥作用。

华为一直处于变革之中，以至于让人觉得混乱，可华为就是这样一路走过来的。

客户驱动创新。创新的起点，是客户未被满足的需求。创新的终点，是客户价值实现。华为建立了客户创新中心，在机制上确保创新不偏离客户。同时，华为提倡"鲜花插在牛粪上"，意思是创新立足于现有的资源，即使它是一坨牛粪，创新不能不考虑已有的技术积累。任正非说领先一步是先进，领先三步是先烈。领先策略是，战略规划看三步领先半步。如果看三步领先三步，你会付出很大代价"洗盐碱地"，成本高昂却出不了什么成果，企业不一定顶得住成本压力。

结果导向，不让"雷锋"吃亏。有位市长视察华为时要见任正非，请教华为的成功经验。任正非的回答是："各尽所能，按劳分配，多劳多得。"虽然听起来有些虚，但不让"雷锋"吃亏，就能有更多的"雷锋"涌现。没人吃亏，多劳多得，确保组织充满活力，这一点很重要，比方向正确还要重要。华为说"以奋斗者为本"，是在把钱给得很到位的前提下说的。一些企业把这句话当作"鸡血"，反复灌输给员工，是错误的。

华为成功五要素是围绕战略展开的，涉及方向、人、效率、创新、动力以及规划战略和推动战略落地。先是确定战略方向，然后是资源取舍，再就是把握方向与节奏，最后是布阵、点兵、见客户。布阵就是把战略规划好，点兵就是安排干部，见客户就是先进行自我批判，然后到客户那里去验证，跟客户讲自己的战略，并听取客户的反馈。如果客户认为战略有问题，那么赶紧调整战略。这整个体系牵引华为走在正确的路上，把战略规划一步步落到客户那里，创造价值。其中的逻辑理解起来不难，也不需要更多的要素。战略规划本身也是流程的一种，使企业健康发展，不依赖于某一两个领导的"英明神武"。

战略管理，借鉴华为

在战略管理上学习华为，首先要知道，战略管理的目的是，达成战略目标和实现有效增长。达成这个目的有三个关键点：战略与愿景、使命、价值观和业务思想紧密联系，让战略有灵魂；战略的规划与管理要让战略从艺术变为可执行、可管理，要有具体的方法论，如商业领导模型（BLM），要考虑组织、领导力、流程和运营等；战略规划驱动持续变革，战略不会自动落地，战略管理本身就是要改变组织现状，必须与组织变革相联系，建立项目型组织，持续优化流程，创新氛围，实现生态协同，共同推动组织转型，战略管理的过程就是组织转型的过程。

2003 年，华为发现终端产品是网络整体客户体验的重要组成

部分，就开发了一些宽带接入终端产品。后来到了 3G 时代，华
为受市场所迫，开发了个插在电脑上接收 3G 信号的设备——移
动数据卡，用于移动办公。这些战略选择都是被动的，跟老干妈
的发展轨迹有类似的地方。老干妈最初是卖面条的，后来发现
老干妈酱比面受欢迎，就把面放下了，专门卖酱。华为的发展大
概也是这个逻辑，战略说起来高大上，其实就是这样一个简单的
故事，重点是牵引大家往一个方向走，只是当组织越来越大的时
候，需要引入科学的工具来帮助驱动战略。

在智能手机风靡之前，华为的手机产品只是一些功能机，作
为推广 3G 网络的配套，不太受重视。2009 年智能手机在市场
上大爆发之后，特别是随着安卓系统成为主流，华为通过深入洞
察，发现智能手机市场未来有很大的机会，智能手机已经不仅仅
是通信设备，已经转化成各种能力的综合集，考验整个公司的研
发体系、制造体系、渠道、广告等。所以，华为开始在智能手机
这个领域战略聚焦，启动饱和攻击模式。华为之前的模式，属于
打一枪，然后看情况再轰一炮。但当确定战略核心目标后，华为
就开始饱和攻击。华为利用其在电信领域的优势，发挥自身对通
信协议理解深刻的优点，通过网络与终端的配合，开发出了信号
非常好的手机，并补齐"短木板"，积极与影像巨头徕卡以及全
球著名的设计公司合作，华为还在日本、韩国、法国招募顶级的
设计师，让这些设计师在当地上班，进行全球设计。同时，华为
在手机控制芯片上持续发力，自研麒麟芯片以及 AI 控制 NPU，

一下子就进入了全球顶级玩家的行列。可以说，华为前面打一枪放一炮的试探性攻击，带来的增长是可以忽略不计、可有可无的，它是一个配套性的战略定位。但当发现一个很重要的战略机会时，华为就会以公司的整体能力强压上去，就是这样，华为的终端产品快速成长。华为手机的 AI 和影像两大技术已经超越了苹果，成为行业领跑者。华为手机今天这个地位，是不断地通过战略牵引，挖掘出来的。

华为战略规划指导思想

在一年巴塞罗那展之后的客户答谢晚宴上，华为把中央电视台春节联欢晚会中《千手观音》节目的表演团队请过去表演，表演令人震撼。但此后任正非进行了一个月的自我批判，说主持人不应该说"下面请欣赏《千手观音》"，而应该说"华为十年如一日，不关注机会主义，默默聚焦到一个主航道，持续攻击，就像聋哑人一样，十年如一日排练才有今天美轮美奂的表演，下面请欣赏《千手观音》"。十年如一日，就是接近上帝的方法。"听到上帝的脚步声"是华为的一个广告，表达的就是这个意思。

华为还有一个著名的广告——一双芭蕾脚，想表达的是一切光鲜背后都是苦难。

这些广告都是华为战略思想的体现。

华为对于战略的理解

华为对于战略的理解主要是以下几个方面：一是战略方向，二是有限资源下的取舍，三是实现目标的节奏，四是战略落地——布阵、点兵、见客户。这是华为对于战略朴素的理解。华为在内部落实战略执行这件事上很坚决、很认真，但是也通过与客户的持续沟通不断质疑和修正自己的判断与结论。这样的状态就能保证企业不会整齐划一地走到悬崖边，集体跳下去，否则执行力越强死得越快。

战略主要回答三个问题：在哪里？去哪里？怎么去？在哪里是现状与差距，去哪里是目标的取舍，怎么去是成功路径。

战略的价值是牵引组织"力出一孔，利出一孔"。

愿景是目标，使命回答了我们为什么存在，价值观回答了我们为什么重要。战略是实现一切的对策，然后解码为战略澄清图，再用平衡计分卡导出指标和重点，形成组织的目标和行动方案，最后落到每个人的目标和行动计划。如果愿景、使命和价值观是企业"虚"的部分，业务是企业"实"的部分，那么战略是连接"虚"和"实"的关键点。

华为的战略是由愿景、使命和价值观驱动的，之后由组织和流程来保障执行落地。华为在创业初期并没有明确的战略规划，那时候华为的产品质量很好，而价格只有国外竞争对手的1/2，竞争力很强，非常强势。中国很多产业处于这个阶段，在同等质量下发挥价格优势，就能获得成功。2000 年之前，任正非每年都会向华为内部发布管理工作十大要点，也会发布业务十大要点，这是很朴素的战略牵引，后来慢慢地就发展成了战略方法论和流程，从只有战略思想进化为有科学的战略规划过程，从无意识的战略到有意识的战略。

后来，华为开始做战略规划，洞察客户的价值变化趋势。2003 年战略部成立的时候，有 40 个人左右，抓两个重要产品的战略规划。2005 年的时候，每一个产品线都有了战略规划组织。到了 2009 年，基本上产品线、销售线、职能线三条线，所有产品、地区、职能部门都有战略规划组织，而且开始建立公司级的蓝军体系。华为战略规划升级的标志，是引入了 DSTE（从战略到执行）的流程体系，按照年度进行有组织的战略规划，另外还引入了 BLM 方法，也就是运营中的质量体系，用一个质量体系把重点工作监管起来。DSTE 牵引华为不断变革、持续优化流程，启动任务导向型的项目。战略核心理念的思考过程是一门艺术。

华为的规划体系里有个战略与客户委员会，这是一个务虚的组织。战略规划部门每年会把有创新概念的客户、关键大客户、上下游伙伴、行业意见领袖凑在一起，一起看看未来三年是怎么样的，务个虚，如果短时间看不清楚，就形成一个战略专题持续研究。关键战略控制点自己干，非战略控制点可以放开给合作伙伴。举例来说，对于某产品，服务不是战略控制点，如果服务预算是 100 万元，可以以 200 万元外包给别人。很多人会认为，服务预算是 100 万元，如果以 80 万元外包给别人，可以帮公司省 20 万元，并为此沾沾自喜。但是他们没有想到的是，以 80 万元包给别人，服务质量难以保证，最终损害的是企业的品牌，这么做在华为是要被问责的。

愿景与战略

愿景是企业未来追逐的梦想、存在的意义、对社会的价值贡献，好的愿景能有效指引战略目标的设定。愿景回答的问题是：我们的未来是什么样的？企业在未来的定位是什么？你想成为什么，所以你能成为什么，而不是你能成为什么，所以你想成为什么。愿景描绘了企业成长的蓝图，是企业持续发展的推动力和激励全体员工的奋斗方向，能激发人们发自内心的使命感、成就感，还能给客户和伙伴一个积极正向的价值导向。好的愿景能够让员工热血沸腾，甚至热泪盈眶，为它彻夜难眠，让员工对企业所做的每一件事都满怀希望和自豪，并且使员工有格局、有张力、有成就和正能量。华为的愿景历经了三个阶段：创业期阶段是"三分天下，产业报国（追求扩大份额、扩张）"，早期华为是跟随策略，追求扩大份额，追求扩张，所以强调扩张优先于利润，强调未来三分天下，背后的认知是，企业没有做到一定规模，是没法做强的，只有先做大然后才能做强，这是华为战略洞察的结果；发展期阶段是"丰富人们的沟通和生活（全领域通信解决方案，全球化）"；成熟期阶段是"把数字世界带入每个人、每个家庭、每个组织，构建万物互联的智能世界（端管云协同、全联接、海量）"，这是因为华为后来发现人们买手机的目的已经不是以打电话为主了，更多是丰富沟通和生活，是跟生活场景结合在一起的。现在的通信领域，包括 IT 领域，不是简简单单地解决生活的问题，还要通过人工智能体系解决效率和运转的问题。全球有 70 亿人口，可能需要两万亿个芯片，因为很多物件都要进入物联网，通过 5G 网络进行连接……所以华为跟随时代的步伐，不断做调整。每个企业都应该如此，在不同的发展阶段，有不同的愿景。

使命与战略

使命回答的问题是：企业承担了什么责任？为谁创造价值，创造什么样的价值？华为对使命的描述是：聚焦客户关注的挑战和压力，提供有竞争力的通信与信息解决方案和服务，持续为客户创造最大价值。使命是原生驱动力，是企业识别出来的客户的挑战和压力，翻译成专业的表述，就是企业在洞察了客户的价值转移趋势后，所承担的职责。使命不是简单的技术驱动，而是帮助客户提升竞争力，并且帮着客户创造价值。这才是使命的真正意义。由于是使命驱动，所以华为的产品都有"准生证"，产品经理要说清楚客户的痛点和价值，如果讲不清楚这个价值呈现，解决方案的立项是不能被通过的。

可见使命和战略是一体的，把华为各个阶段的战略连接起来，就可以看到华为的使命所在。

价值观与战略

价值观是组织的黏合剂、团队共通的信仰。华为关于价值观的描述有"以客户为中心，以奋斗者为本，长期坚持艰苦奋斗，坚持自我批评""胜则举杯相庆，败则拼死相救""华为的光辉是由数千微小的萤火虫点燃的""狼性文化，开放进取"……这些价值观，连接了组织，帮助组织承载战略的落地。

业务思想

华为的业务思想，本质上是围绕怎么成为行业领导者展开的，包含了以客户为中心、有效增长和效率优先。以客户为中心的相关描述有：与客户联合创新；端到端的解决方案；质量是我们的自尊心；确保客户的竞争力；优质优价；深淘滩，低作堰。有效增长的相关描述有：产品发展的路标是客户需求导向；创新是鲜花插在牛粪上，继承式创新；拒绝机会主义，强调战略耐性；不放弃低端市场；聚焦主航道，坚持压强原则；搭大船过大海，坚持在大平台上持久地大规模投入；开放、竞争良好的商业生态环境；不洗盐碱地，领先半步。效率优先的相关描述有：未来的竞争是管理的竞争，是一条链和一条链的竞争；企业管理的目标是流程化组织建设；从客户中来，到客户中去，以最简单、有效的方式实现流程贯通；打造数字化全联接企业；持续管理变革；战略规划牵引。华为的这些业务思想，既来自战略，又来自实践，反过来也支持战略的形成和落地。

战略规划指导业务计划

　　华为的战略规划看三段。第一段看 5 ～ 10 年的未来网络，主要由一些专家、院士去各大论坛、标准机构进行交流，目的是看清楚未来 10 ～ 20 年的行业发展，搞明白下一个 10 年网络世界会是什么样的状态。第二段看 5 年，叫作战略规划（SP，也叫作中长期发展规划）。每年春节以后，当所有的海外团队都回来以后，华为开始新一轮的战略规划活动。第三段看 1 年到 1 年半，叫作业务计划（BP，也叫作年度业务计划）。从 BP 可以导出关键任务、里程碑和衡量指标，形成 KPI，与个人绩效关联。最终的战略规划要导出里程碑，这是关键。战略规划从里程碑到运营计划，再到最终达成全面预算，从战略到执行是一个逐步分解过程。BP 只有全面的预算，管控战略目标，公司层面按照战略的排序来饱和攻击。一线可以呼唤炮火，但要算钱，或者自己内部消费。这就是华为的战略规划节奏，专家、院士做长远规划，每年春季做中长期发展规划，秋季做年度业务计划。

　　华为的 DSTE 流程一般在 4 月的时候启动，会提前公布会议日历。公布会议日历是要确保大家整体参加每个关键的战略规划活动，避免关键的核心规划人员缺席。参会人员也可以指定代理人，但代理人必须能全权代表，不要再回去问意见。不能准时参会，也找不到全权代表的人，以后就不用参与战略规划了，不参与战略规划，任职资格就少一块。如果公司小，可以不用搞那么复杂，关键点是，战略规划是高层达成共识的过程。

战略的规划和支持系统

图 1-1 为华为中长期发展规划（SP）和年度业务计划（BP）流程。

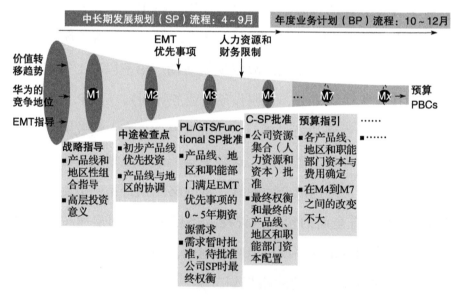

图 1-1　华为中长期发展规划（SP）和年度业务计划（BP）流程

明确公司的愿景和战略方向。第一，根据产品线、销售线经洞察所提供的预测数据，公司战略部制定出企业价值转移趋势和竞争地位初步意见并向经营管理团队（EMT）呈现；第二，在

M1（里程碑 1），EMT 论证华为的企业战略方向：投资优先排序、战略关键问题、目标假定及需要破题深入研究的理念等的初步优先排序；第三，公司战略部在 C-PMT（公司级产品管理委员会）会议上将 EMT 决策总结传达给产品线、地区和职能部门。交付件有：价值转移趋势、竞争地位、前期企业业务设计和相关专题研究输出。华为的战略规划有三条线——产品线、销售线和职能线，它们制订自己的中长期发展规划，明确关键破局问题，并在 C-PMT 会议及 EMT/IRB（投资决策委员会）会议 [M2（里程碑 2）和 M3（里程碑 3）] 上进行讨论。公司战略部为产品线、销售线和职能线制订其 SP 提供方法论和空间等 BI（业务洞察）支持，公司战略部对执行优先排序是否需要深入破题研究提出建议。其结果是发现新的增长机会。

在战略规划开始时，华为会建立一个团队来引导整个公司的规划活动，然后启动洞察，围绕某些战略专题进行组织。上一年的战略也要回顾一下，然后用 BLM 模型进行战略解码。各个产品线和职能线都要这么去做，做完以后进行战略规划评审。到了 M3 以后，就制定出了战略的衡量指标，最终每个人签署并存档。这时候，战略的衡量指标有了，年度 KPI 的逻辑也出来了，然后开始启动年度业务计划。

年度业务计划围绕着里程碑里面第一年的要求开始分解，特别是抓住战略机会点，从机会点到订货，要输出灯塔目标，以前叫作市场目标。目标定了以后，就开始进行全员解码，从产品线到子产品线，以及其他职能部门，最后解码到组织绩效目标和个人绩效目标，每个人的 KPI 按照平衡计分卡进行数字化。到这个阶段，预算就彻底分下去了，后面需要的是预算质量和预算的战略目标的管理、运营绩效管理、高管的 PBC（个人业务承诺）绩效评价和辅导。战略规划完成以后，要确保所有人都知道整个部门的核心，以及未来的职责定位和 3 ～ 5 年的计划，因此必须宣讲。如果有人不知道，或者不明白，要给战略制定者打个问号，所以要评测管理者的 PBC 辅导水平。

从 M1 到 M4 的过程如下。战略规划部门在 M1 的时候大概听一下主要的问题，并通过访谈的形式大概确定主要的问题，形成所谓的问题点，然后销售线对问题点进行排序，为大致的年度问题定调，最后把它们分解到各产品线。M2 是中途检查点，解决一些基本的问题。M3 就基本上批准了产品线、销售线、职能线的规划，然后再深入分析一些具体的任务，M4 是正式的批准。这是一个流程，有一个过程，也有平衡点，对输入和输出质量都有明确的要求。战略规划是长期过程，真实执行情况是"先打一枪，再放一炮"，有时候可以快速统一意见，有时候会慢一点。华为的战略规划工作分配到了全年，也落实到公司所有人。

一般来说，战略规划从产品线做起，职能线做好分解和支撑，以后可以逐步做到职能线有独立的战略规划，比如人力资源解决现有的人力资源问题，财务体系解决财务工具的问题。有种说法是，做战略的人不喜欢财务部的人，财务部的原则是赚钱就做，不赚钱就不做。赚钱和不赚钱的平衡点是什么？华为体系里面是第三年当期盈利、五年累计盈利，也就是说，给战略产品三年的时间，这是对领先半步的理解，时间太长就存在"领先三步"的问题。整个战略驱动从愿景到价值转移趋势和自由竞争地位，价值转移趋势要永记心中。如果将军一直打一场过去的战争，在哪里失败，就在哪里卧薪尝胆，那么就可能在出剑时发现外部环境变化了，这是战略规划的悲剧。战略规划最后导出基于设计的个人绩效设定，形成非财务的预算。

华为大的平台结构基本上支持项目型组织和发展"战争"，围绕这个设计销售线规划分解的时候，要确保每一个职能线都参与进来。如果参与不了，说明绳子没有绷紧，问题就大了，要重新进行组织结构设计。所以这个组织结构里面，华为内部讨论最多的是职责是什么，或者责任中心的定位，是能力中心、费用中心、销售中心，还是利润中心等。

战略规划委员会（SC）是战略管理的最高机构，是管"事"的最高部门，向董事长汇报，与它平行的是管人的人力资源委员会、管钱的财务委员会和负责监控的审计委员会。战略规划委员会负责管理公司的战略和创新体系、市场和产品的重大决策、跨BG产品线协调、跨部门重大业务协调、战略结算机制以及蓝军机制和风险防范。通俗来说，战略部主要解决"大家都管"和"大家都不管"的问题，大家都在管的事情战略部要介入，大家都不管的事情战略部也要介入。

此外还要做好战略预算以及明确结算机制，战略预算往往是用额度管理的，预算的额度要花完，没有用完额度是要承担责任的，对待战略预算跟对待别的工作的方式不一样，别的工作可以节省钱，提高资金使用效率，战略预算是反过来的，部门的战略预算额度消耗不完很危险，可能会给公司未来发展带来很大的风险。

总的来说，战略管理就是一个从战略制定到战略展开、战略执行与监控，再到战略评估的过程，而战略评估是下一年战略制定的基础，这是螺旋式上升的过程。

战略制定生成SP，包括战略方向、业务战略、组织战略、人才战略和变革战略。

战略展开生成BP，包括年度产品与解决方案规划、年度平台与技术规划、年度市场和销售规划、年度订货预测和预算、年度组织规划、年度人才规划、流程与IT规划。

战略执行与监控包括集成产品开发、平台/技术开发与研究、市场和销售管理、财务/人力资源核算与监控、组织优化实施、职位与任职梳理、人才获取与配置、学习与发展、流程与IT管理。

战略评估输出绩效审视，包括项目绩效审视、团队与组织绩效管理和个人绩效管理，另外管理体系的评估也在战略评估的范围内。

企业战略规划的意义在于发现利润区，明确差距，通过规划牵引持续有效增长。战略规划部一方面要成为企业的知识领导，另一方面要驱动变革。不同公司的战略规划部的地位和作用是不同的。在知识领导方面，不同公司的战略规划部扮演着不同的角色，如规划流程护卫者、"救火队员"型顾问、积极的审核者、业务设计工程师和价值增长驱动者。在驱动变革方面，不同公司的战略规划部承担着不同的任务，如沟通目标、规划和时间安排、设计工具、监控、流程设计、培训、举措支持以及试行、变革倡导。

华为的战略规划部门运作是成功的，这使得他们在公司内部既成为知识领导方面的价值增长驱动者也成了变革驱动中的变革倡导者。

战略规划，"吵"出来才有能量

战略规划是众多流程中的一个，几乎人人都知道战略很重要，它决定了企业的方向和未来的发展。但很多人没有意识到，比战略更重要的，是规划出战略的过程。

"吵"出来的战略才有能量

战略规划的过程，其实是把局部利益引到全局利益，从布朗运动变成有序运动的过程。就战略规划的流程和机制来说，过程比结果重要。通过这套流程，让高管都参与进去，平等地讨论，在讨论中把各自不同的观点表达出来，也就是通过 PK 和"吵架"，亮出各自的观点。"吵架"的过程很重要，"吵架"过后，大家就知道彼此的观点了。战略是面向未来的，谁也不一定绝对正确。很多时候，我们因为不理解彼此的业务，所以认为自己是对的，对方是错的。很多时候，我们只是不理解，不愿意听而已。一"吵架"，彼此一听，大家就能互相站在对方的角度去理解全局。

有没有全局观往往是能力问题，不是心态问题。战略规划中的 PK，可以帮助大家提升这个能力。一起 PK、共享、研讨，最后达成一致，形成全局的妥协，是战略规划的本质。

战略应该是"吵"出来的，"吵"出来的战略才有能量。

分出优先级是"吵架"的根源

在企业这个效率为先的组织中，任务永远会有优先级的问题。谁是战略的优先项，谁是非优先项，是"吵架"的根源。

如果关键的任务有十几个，说明没有战略。都是重点，就是没有重点。公司要想往前发展，就要想清楚什么是主要矛盾，什么是次要矛盾。战略是什么？战略是抓主要矛盾。胡子、眉毛一把抓就不是战略了。

如果公司的战略任务清单是：产品做好、供应链做好、渠道做好、服务做好、品牌做好……方方面面全做一遍，公司肯定不堪重负。平摊资源是市场竞争中的大忌，所以在设定任务的优先级时要看公司最初面临的主要矛盾是什么。

企业优先项是产品竞争力

公司最初面临的主要矛盾是什么？其实是产品竞争力不足。

因为如果产品竞争力做不上去，其他的做得再好也没有用。比如即使品牌营销做得再好，但如果产品竞争力不行，你用了一次再也不想买它了，也没有用。所以在初期，其他方面的竞争力弱可以先放一放，先做关键任务，就是提升产品竞争力。

华为手机开始想做大的时候，想要花钱请明星做广告，但公司一分钱不给，只能借。任正非说运用口碑营销，不让做广告，这才使资源聚焦到产品竞争力上。产品竞争力不足的问题初步解决了以后，下一个核心战略问题是渠道。华为的专卖店在一年之内星罗云布，镇级店也比比皆是。公司大量投入，决心要把零售店建立起来，这就是战略。

再下一步，核心战略转为服务。当产品的销量非常大时，再完美的体系也无法避免少量瑕疵品的产生。这时就需要重点建设服务体系，把服务体系做到最好。

往往公司会将大量的战略资源投放到关键业务单元，但每个部门都会有局部利益，整个组织在争论和局部冲突中，就形成了战略协同。战略聚焦意味着忍受不完美，局部的不完美带来了组织整体战斗力的最强。

通过"吵架"，组织局部就能接纳不完美了，有点像"带病生存"，但整个组织进化了。

华为公司的常态是，从内部看好像每年的问题都很大，感觉每年都濒临倒闭，很令人担心。但是从外部看，华为每年都在高速增长，而对手倒闭了。

后来总结发现，是华为把自己的核心竞争力做上去了，把问题一个个解决了。《孙子兵法》里面有一句话"不可胜在己，可胜在敌"，说的就是这个意思。

战略无法落地，根因是没有管理的抓手

很多老板经常说，我们的战略很清晰，但员工的执行力不行。实际情况往往是，老板认为战略很清晰，而团队觉得不清晰。根本原因是，战略没有一个落地的抓手。归根结底，还是要利用管理体系，把这些管理起来。

有人说，华为只做两件事情：第一件事情是持续发展业务，不管是现在的手机，还是原来的运营商，还是未来的云和企业网；第二件事情是持续变革，在光景最好、条件最足的时候，任正非投大量的钱引进西方公司的管理体系来持续变革。很多企业的关键问题是，在光景好的时候忘记了第二件事情。

变革到底有什么规律？用任正非的话来讲就是，用规则的确定性来应对结果的不确定性，企业家本质上都在学规则。华为引入 DSTE 流程，就是在学规则。DSTE 是用于战略管理的流程，这个流程 2011 年正式从 IBM 引入华为。在华为手机的销售额从 0 到 520 亿美元的近十年时间中，这个流程一直是支撑余承东成

功的有力手段。

　　DSTE 是战略规划流程，BLM 是战略规划的方法论，DSTE 和 BLM 就是战略的抓手，也是战略规划参与者"吵架"的依据。做战略规划时必须吵架，但是不能漫无边际地"吵"，得在一个轨道和一定的规则下"吵"。这个"吵架"的轨道就是 DSTE，"吵架"的规则就是 BLM。

DSTE 和 BLM 是"吵架"的轨道和规则

　　在 DSTE 流程中，从市场洞察到中长期发展规划叫作 SP。图 1-2 是华为从战略规划到执行的全景图。

　　SP 围绕的主题，是中长期资源分配的方向和重点。在 4 ～ 9 月整个战略规划过程中，有四个重要的关键节点，M1 是战略指导，包括产品线和地区性组合指导，以及高层投资意义。M2 是中途检查点，包括初步产品线优先投资、产品线与地区的协调。M3 是 PL/GTS/Functional（产品线 / 全球服务 / 职能部门）对 SP 的批准，包括产品线、地区和职能部门满足 EMT 优先事项的 0 ～ 5 年期资源需求，以及需求暂时批准，待批准公司 SP 时最终权衡。M4 是 C-SP 批准（公司战略规划部批准），包括公司资源集合（人力资源和资本）批准，以及最终权衡和最终的产品线、地区和职能部门资本配置。

　　这是战略层面的规划节奏，在这之后是战略解码到年度业务计划和预测，在 10 ～ 12 月，包括 SP 向 BP 输入，机会点到订货，

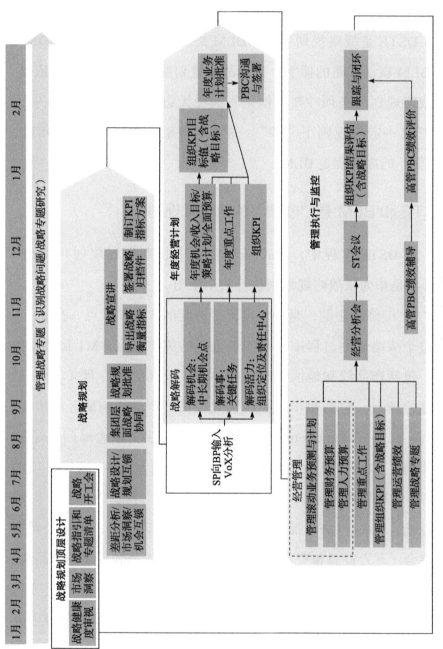

图 1-2　从战略规划到执行

制订 BP，战略解码导出重点工作（BEM），制定全面预算，制定人力预算，制定 KPI 目标值，BP 与述职，PBC 沟通与签署。

战略的管理执行与监控活动有管理 IBP（integrated business planning，集成管理计划），例行决策，BP 与预算半年审核，跟踪与闭环。其中管理 IBP 的内容包括：管理滚动业务预测与计划、管理财务预算、管理人力预算、管理重点工作、管理组织 KPI、管理运营绩效、管理战略专题。在整个战略的管理执行与监控中，用高管 PBC 绩效辅导和高管 PBC 绩效评价推动。

DSTE 流程有以下特点，或者说优点。

- 会议管理日历化，确保各级管理体系运作高效。
- 公司各部门进行战略规划时采用统一的方法和模型（BLM）。
- 将 SP、BP、全面预算、人力预算、重点工作、KPI、PBC、述职等销售线有效集成，明确各环节的开展节奏和评审程序。
- 通过战略解码将战略与重点工作、KPI、PBC 有效衔接，确保战略到执行的闭环。
- 沿着 DSTE 流程进行战略规划、预算等的决策授权。

华为采用的战略规划方法是 BLM。BLM 的起点是发现差距和市场机会，终点是在市场上活动后的结果，价值观和领导力推动了整个过程。

BLM 需要领导力是指，干部要有变革领导力、愿景领导力、整合领导力、群体战略洞察力、科学决策力、经营管理能力和新业务拓展内生转型动力，能够跟上行业和竞争变化的形势。BLM里面的价值观要素意味着，价值观是决策与行动的基本准则，杜绝机会主义的牵引。

BLM的第一阶段是战略制定，第二阶段是战略执行。

战略制定部分包括差距分析、市场洞察、战略意图、创新焦点和业务设计。战略执行部分包括氛围与文化、关键任务和依赖关系、正式组织和人才。这些都帮助管理层在企业战略制定与执行的过程中系统地思考，务实地分析，进行有效的资源调配及执行跟踪。

BLM的逻辑是回答三个问题：现在在哪里？准备去哪里？怎么去？

回答"现在在哪里"就是进行差距分析和市场洞察，差距分析的内容是业绩差距和机会差距，市场洞察是基于现在看未来。回答"准备去哪里"就是明确战略意图。"怎么去"就是路径和方法，包括创新焦点、业务设计和战略执行。

BLM的四个基本原则是：

- 战略是不能被授权的，领导力贯彻战略制定与执行的全过程。
- 以差距为导向，集中力量解决关键业务问题。
- 战略与执行紧密整合，重在结果。

- 终年持续不断，让组织学习成为持续不断的过程。

战略目标就是期望，市场结果就是现实。战略是由不满意激发的，而不满意是对现状和期望之间差距的一种感知。差距分析其实是对上一年度战略执行的一个检验，通过差距分析能更深入地了解自身。业绩差距是现有经营结果和期望值之间差距的一种量化的陈述，业绩差距常常可以用高效的执行填补，并且不需要改变业务设计，主要是要提高效率及运营水平。机会差距是现有经营结果和新的业务设计所能带来的经营结果之间差距的一种量化的评估，填补机会差距需要有新的业务设计。一个是量的差距，一个是质的差距。

战略规划中的三轮"吵架"：SP 制订、BP 制订、落地执行

战略规划中的第一轮"吵架"：SP 制订

战略规划的第一个阶段是洞察机会，因为机会是对未来的看法，而大家对未来有不同的看法，所以就会"吵"。华为公司以往强调需求多一点，一直在提需求驱动。因为原来的客户是运营商，它们清楚自己要什么，所以会提出来要什么，而且有明确的规划。华为只要把它们的要求转化成自己的战略规划就行了。华

为按照客户的想法给客户做配套。

但如果在一个新领域，客户能力弱，需求驱动就不管用了。针对这个情况，华为又提出了技术驱动，也就是技术进步和客户需求双轮驱动。技术进步是指自己能提出对未来的判断，牵引客户。客户需求和技术进步这两个驱动相互之间需要拧麻花，现实中就是"吵架"。总部往往更多地代表技术，需求是从一线来的，所以，在很多情况下，拧麻花和 PK 是组织层面的事情。从本质上来说，技术代表了企业能力，技术与客户需求"吵架"，就是企业能力和客户需求在角力。通过"吵架"形成均衡态，这个战略规划就做对了。如果客户需求远远高于企业的技术能力，说明企业的技术进步慢了，没有跟上客户的步伐。如果企业的技术能力过于超前于客户，其实也是浪费，产品即使研发出来也在短期内没有市场。因此战略的节奏是最重要的要素，而这个节奏是"吵"出来的。

技术驱动和需求驱动是相辅相成的，它们之间既相互拧麻花又相互促进。技术驱动对企业能力提出了更高的要求，企业无论是技术驱动，还是需求驱动，能力不断提升都是关键。企业家读到这里应该更明白"发展是硬道理"这句话了，因为企业家的主要职责就是发展企业的能力，技术和需求都是"牵引绳"。在现阶段，中国大部分企业是需求驱动的，而不是技术驱动。一旦企业进入技术驱动的阶段，就意味着企业可以给产业带来更多贡献。技术驱动是领先者的思维方式。基础研究会给产业带来大的驱动，而技术驱动的企业都会重视基础研究，比如基础数学研究、基础物理研究、基因工程研究等。企业未来要想走向领先，创新能力是必须要有的，革命性的创新往往也来自基础研究。

所以，技术和需求拧出来的麻花，就是企业能力。通过"拧麻花"不断提升企业能力，是华为成功的主要秘诀。企业在日子好的时候要把钱花出去做能力储备。钱投进去有时候不知道能不能成功，把握火候的水平就是真正的战略水平，这只能来自实战。除了技术能力，其他能力包括制造能力、销售能力等，都是需要投资的。每个产业的核心能力不一样，有些产业是技术，有些产业是制造，有些产业是解决方案，解决方案其实是一个基于客户需求理解的场景。这就是为什么自身技术能力与客户需求得拧麻花，得要"吵架"才能赢得清楚、赢得平衡。

华为的经验是，不断地投资核心能力，而这个核心能力在华为往前走的时候，都是产业主动选择的结果，不是撞大运撞上的。华为其实选择了一个这样的产业：技术在不断变化，而且在快速变化的产业。选择了这个领域后，华为不靠制造、不靠品牌、不靠销售，只是不断投资和积累核心技术能力，在每一次变化的当口超越对手，这是华为建立企业能力的核心逻辑。

做洞察：在市场上"打麻将"

市场洞察是 BLM 的第一部分，目标是解释市场上正在发生什么，重点关注价值转移趋势，以及这些改变对公司来说意味着什么。了解客户需求、竞争者的动向、技术的发展和市场经济状况，以找到机遇和应对风险。

通俗讲，市场洞察就像打麻将，上家是行业趋势，下家是市场和客户，对面是竞争对手，牌桌中央是机会。既要看清楚其他三家打出的牌，又要弄清楚自己手上的牌，总体看清楚牌面情况，发现赢牌的机会，然后去实现。举个例子，如果市场的要求已经从满足基础需要，发展到提供高质量、个性化的产品和服务，而企业的策略还是低成本策略，那就要好好审视一下企业的战略定位了。具体来说，要不要实施双品牌战略呢？也许可以，老品牌满足收入不太高的群体，新品牌满足收入高的群体。围绕所发现的客户价值转移的趋势，根据市场洞察确定自己的战略意图。然后，设置企业的中期和短期目标，企业的战略就大概有个定位了。以上是市场洞察总体要做的事情，主要包括看行业趋势、看客户/市场、看对手、看自己和看机会。下面我们分别进行解析。

（1）看行业趋势。

互联网 to C 业务有一个明显的优势：它们掌握了大量用户数据。比如腾讯，它掌握了中国最全的数据，我们每一天在微信上的动作它都有。当一家公司不需要付出多大努力，就能收集到市场上最全、最真的数据时，它在行业洞察方面就已经领先了。数据就像一座挖不尽的金矿，可以被无限开采。还有一个例子是盒马鲜生，它的选址是完全用数据驱动的——基于所有的线上数据去推测店铺设在哪里效果是最好的。

我们看看科技行业的发展。"这是一个最好的时代，也是一个最坏的时代。"计算机、互联网和通信技术把所有产业都裹胁了，我们拥有了最好的工具，但谁也无法独立存活。更重要的是，行业之间的界限越来越模糊了。比如，你原来只卖饲料，后来发现只卖饲料不行，就增加了养猪，后来还自己做屠宰，或许还做火腿，一直延伸到人们的餐桌上。边界越来越模糊，企业可以往两端延伸去抢别人的饭碗，但自己的饭碗也可能被抢。所有企业都会面临跨界竞争这个问题。比如华为，以前是做通信产品的，后来发现，通信设备里面最核心的控制点是芯片，很多新技术、新业务的实现和承载需要芯片，芯片对产品性能的影响非常关键，华为想要领先，不想受制于人，于是自己做了芯片。

对于华为来说，这就是多了一种选择，有芯片设计开发能力可以让华为的触角往工业方面延伸。比如汽车领域，IT科技巨头进入了汽车行业，带来了革命性的变化——智能电动汽车。这样一来，原来的汽车行业就被颠覆了，传统巨头基于发动机的领先优势没有了，那些百年车企积累的大量技术壁垒就消失了。还有无人驾驶技术，它彻底解放了司机的双手。对于传统车企来说，这就是跨界的竞争对手拿着下一代产品来打你，可能会消灭你。如果你所在的行业是万亿美元的市场，就要有个心理准备——与全世界最顶尖的科技公司竞争。越是作战空间足够大的行业，那些巨头越会进入。现在特斯拉、华为和苹果都进入了汽车领域。

（2）看客户/市场。

看客户是为了更好地根据客户的购买偏好，强化产品定位。以华为为例，以前华为在中国只有三个客户——中国移动、中国联通和中国电信，华为就先弄清楚中国移动的战略规划，然后把自己的战略规划与中国移动的战略规划相匹配。这是最简单的方法，即拿自己的战略去匹配客户的战略，拿自己的组织跟客户的组织匹配，就容易满足客户需求了。

（3）看对手。

简单来说，如果能看到对手的牌，自然胜券在握。对于主要的竞争对手，要以客户视角多维度、全方位地考察和分析。有意思的是，在商战中，我们往往能做到比对手还懂它的排兵布阵。如果企业不是行业领头羊，在所有的洞察中，洞察竞争对手是最重要的。如果企业是行业领头羊，就要反过来做，让行业中的所有人看到自己在干什么，这样可以避开追赶者的纠缠。

了解竞争对手战略规划的方法很多，比如有人直接把竞争对手的战略规划团队成员挖过来，不过这种方法只是当时有效，并不是特别推荐。从一些供应商那里也能了解到很多信息。还有一个方法是找共同的客户，向客户询问竞争对手的战略规划，这是收集信息的长久之计。洞察竞争对手，关键是把这个工作做得足够细致，甚至要比竞争对手里面的老员工更了解竞争对手，到了这个程度必胜无疑。

分析竞争对手的框架包括 18 个要素：利润、市场份额和趋势、产品线、产品质量、新产品、客户关系、价格和成本、增长策略、财务安全、原料供应商、产能、合作伙伴和同盟、战略控制点和商业模式、组织架构、薪资结构和衡量标准、员工特征和文化、兼并和投资、问题。在足球和篮球运动中，会有几项指标描绘运动员各方面的运动能力，然后形成一个雷达图。企业就像是球场上的运动员，我们也可以画出它的竞争能力雷达图。把不同企业的同一类产品放入一个雷达图中，如果你的能力区域盖住了所有竞争对手，那你肯定是行业领导者。

余承东在接手华为的手机业务时是这样自我定位的：华为手机要做雷达图上的全覆盖者，主要指标要全面超越竞争对手。如果目前被覆盖，就要先找一个方向突破出去，"一根针，捅破天"。比如 2006 年在孟买的项目，华为的产品在雷达图上全面落后于竞争对手，两个主管都是铩羽而归，华为孟买团队陷入了绝望，如同空降兵被包围。这个时候，离开标的正面决战只有三周的时间。从理论上来说，是一点办法都没有了，只剩下放弃。短时间内全方位超越竞争对手是不可能完成的任务，只能"死马当活马医"。火线上任的第三个主管挑了一个客户最在意的指标作为突破口，准备"一根针，捅破天"。这位主管在做了一些情报分析后，选定了客户的首席技术官最在意的技术指标。一般来说，这个技术指标的开发需要 3 个月。当时，华为孟买团队、主管和主管以上两级的领导，以及兄弟部门的人，一起进入了"24小时 ×7 天 ×3 周"的工作状态，随时响应客户需求。最后实现了绝地逆转，拿下了这个客户。

另外，建立护城河也很重要。华为最初走的是"农村包围城市"的道路，进入城市后，华为担心其他竞争对手抄了自己的后路，于是开始生产荣耀手机。荣耀手机就是专门用来防止对手"农村包围城市"的。这款手机不太赚钱，目的是挡住竞争对手，让这个档次的竞争对手都不能赚大钱，不赚钱就不能投资进行研发，不研发就没有可能包围华为。

（4）看自己。

看自己最关键的是看清楚自身的优势和劣势。看清自己不容易，特别是看清自己的核心优势。核心优势有时间性，虽然长期来说一切都有可能，但短期能建立起来的优势，才有竞争上的意义。

举个华为手机的例子。2011 年余承东调任负责华为手机业务以后，就明确手机是华为的战略性产品。从这时候起，华为手机的战略目标就是成为行业老大。

第一步，对标行业老大苹果。在全面学习苹果后，华为发现苹果真的非常先进，它在科技与人文的十字路口，在这个定位上没人能赶上苹果，这来自乔布斯的伟大定位。

第二步，寻找突破口。当时华为最大的优势是硬件和芯片，这是华为在通信事业上用 20 年积累起来的最核心的能力，而"鲜花插在牛粪上"就是指要将核心能力发挥到极致，所以华为首先选择在硬件和芯片上超过苹果，这是可以做到的。还有其他突破口，比如手机的拍照功能，这方面华为选择和行业龙头徕卡合作；还有审美方面，华为自认为自己的手机不够时尚，没有苹果那样的情怀和艺术感，就与保时捷设计公司开展战略合作。华为手机的成功是战略的成功，它在把自己的优劣势分析清楚后，再决定干什么和不干什么。

（5）看机会。

这是指看细分市场的机会。这里有两个重点。

第一，细分市场要足够大、可持续。对于 to B 产业，一般市场份额到 30% ～ 40% 就是天花板了，很难突破；to C 产业有可能赢者通吃、一家独大，像腾讯在即时通信领域可以独占绝大部分的国内市场份额。

第二，在一个细分领域做到绝对第一。实现全面领先是很难的，大部分企业都是纵向一个业务还没有做好，就开始横向扩张，看起来业务范围比较广，其实组织能力没有跟上，没有干部和技术支撑，大而不强。企业应在纵向上把一个点彻底打穿，然后再做横向扩张。

纵向打通有两个好处：一是能拿到细分领域的绝大部分利润，只有做到第一才能拿到真正的利润。在现在的市场竞争中，没有细分领域的绝对领先优势，会做得很辛苦。二是做到第一的这个过程会让组织能力出现飞跃式的提升，当真正做到老大以后，整个组织的管理体系会远远优于一般的公司。企业在有了强大的组织能力后再进入关联领域进行扩张，就会比较轻松。

华为手机的发展逻辑就是这样的。华为在把通信领域彻底打通以后，相对容易地横向进入了手机领域。格力、海尔、乐视等企业进入手机领域并未获得成功，也说明了这一点。华为认为，真正强大的企业，就是敢于在红海中打仗的企业，因为真正的竞争优势来自组织能力。

说到组织管理水平，不得不说说股权分配机制。任正非在开始创立公司的时候就开始分股，分到现在他只有 1.4% 的股份。这个管理机制在当时至少领先国内其他企业 20 年。当然，组织管理水平不仅仅来自激励机制，还来自研发创新机制和方法等。所以战略规划不仅仅是回答要做什么，做到什么规模，最关键的是在这个过程当中，精准布控战略控制点，提升组织管理水平。

细分市场的另一个成功案例是传音手机。曾经的波导手机的创始人竺兆江选择了非洲作为细分市场，再次创业，做传音手机。2018 年传音手机的出货量超过 1.2 亿部，在非洲达到了 48.71% 的市场占有率[一]。传音为什么在非洲这么厉害？它在分析了非洲人的手机需求后发现：非洲消费者的消费水平低，很多人还挣扎在温饱线上；非洲晚上大部分地方是没有路灯的；非洲人喜欢音乐，喜欢随时随地载歌载舞；非洲人肤色黑，手机拍照无法面部识别。

传音手机的应对方案是：主打语音通话的功能机；在手机中加入大功率的手电筒，以提升手电筒的亮度，另外，由于非洲很

㊀　资料来源：https://xueqiu.com/4181476279/124448852.

多地区没有充足的电力供应，因此手机中使用超大容量的电池；在保障音质的情况下加大了扬声器的功率，并且在手机包装盒中附赠头戴式耳机；手机中有定制化拍照模式，以解决非洲人拍照的最大痛点。传音手机的研发团队专门针对非洲人的肤色和面部特征，开发出了用牙齿和眼睛来定位脸部的技术，并且在此基础上研发出了非洲版的美颜和滤镜功能。这样，传音手机在非洲这个细分市场中做到了绝对领先，牢牢占据了老大的位置，现在它已经开始在东南亚市场做横向拓展了。

通过五看，输出的结果可以是一份 500 页的材料，也可以集中体现为一个战略定位图。战略定位图的一个维度是市场份额，另一个维度是增长率，还有一个维度是行业容量，也就是作战空间。如果公司业务占有的市场份额少，而整个行业增长很快，那么这项业务是可以培育的，就是我们所谓的"锅里的"和"田里的"，不是"碗里的"，是为明天投资。如果整体市场容量大，行业增长又快，那要进行"饱和攻击"。什么是饱和攻击？如果理论上需要用 1 个单位的资源打赢一场仗，就用 3 ～ 6 个单位的资源打，这就叫作饱和攻击。饱和攻击是为了确保战略控制点肯定拿下。

华为的研发投入密度至少是一般公司的 3 倍以上，研发人力差不多是一般公司的 3 倍，而研发的投入可能是一般公司的几十倍。只要能做到第一，利润全拿，成本和投入都是值得的；无法占领市场，成本再低也没有用。这就是华为进行饱和攻击的原因。

定目标

战略意图是 BLM 的第二部分。企业的战略意图是通过市场洞察找到的，包括愿景、战略目标和近期目标。目标的类型有财务目标、非财务目标、效率目标，以及山头目标。战略意图只有一张纸，越少越好，说清楚最重要的一两件事情就够了。企业要先把某一个细分领域打穿，通过做好一两件事来实现打穿。

战略不是根据你现在的市场地位和能力决定做什么，而是你想五年以后做什么，做到什么市场地位。战略倒逼组织做变革，组织结构要为战略做优化。

余承东说，"我不管现在什么水平，我的目标是做到第一，永远不当第二"，这就是战略方向。通俗一点说，战略目标就是当年领导"吹的牛"。现在回头去看，余承东负责手机时一上来就吹了七个牛，最后发现全部实现了。贫穷往往会限制想象力，也会限制战略雄心。战略说的是未来的事情，不是现在的事情。现在没有的，未来可以有；现在有的，未来也可以没有。没有的，可以学习和对标行业标杆，总是有办法的，不要因为现在的贫穷，限制了你对未来的想象，否则战略毫无用武之地。

战略意图常见的问题有四个：目标过大，由于自身能力不够，使得战略执行的动作变形，余承东"吹牛"是基于他对华为能力的清晰判断；目标过小，不敢投入，失去机会；没有按产品领域、区域、客户群细分，未来增长点及难点业务目标低，难以完成战略转型；收入和投入不知道如何安排，犹豫不敢投入，不知道如何控制风险。

对于以上问题，没有标准的应对方法，具体做法取决于创业者自身。

另外，战略意图是不需要保密的。如果自己人都不知道战略是什么，内部沟通和合作无法实现，企业就没有战斗力。任正非要求所有人都要参加战略规划会，最早是科级以上干部都能参加，后来想进步的员工都能参加。只有一个东西需要保密，就是关于"怎么赢竞争对手"，不能让竞争对手看到底牌。

战略规划中的第二轮"吵架"：BP 制订

制订 BP 的时候"吵架"是在"吵"资源配置这件事。

企业内部的"吵架"，核心中的核心是资源配置。客户需求是今天要满足的，核心能力是必须为明天准备的，但资源是有限的，就看你怎么配置。资源配置，一是在今天和明天之间怎么分配，二是在流程的不同环节里怎么分配。这非常考验领导的全局观。如果领导没有全局观，不能合理配置资源，战略上肯定会溃败。

资源无非是人和钱，技术和产品也来自人和钱。人和钱在不同部门之间怎么分配，是一个战略问题，一定要想清楚。这也就是牺牲谁、保谁的问题，该牺牲的就一定要牺牲掉。这里的牺牲是为了倒逼管理改进，向管理要效益。管理改进不容易，比如供应链变革，把采购、制造、物流集成起来，然后把信息和流程打通，与上游的供应商协同。流程协同、IT 协同，将整个流程的费用和成本压下来，你才能在竞争中获胜。

资源的分配是关于生死的问题。无论战略如何规划，都应该导向企业能力的提升，关键是"吵"清晰在什么地方提升什么能力。

创新焦点

创新聚焦牵引企业的优势资源聚集，帮助企业获得战略控制点。这回答了为什么要创新的问题——为了战略控制点创新，而不是在现有业务逻辑的延长线上创新。也不要认为只有研发才有创新，任何阶段的任何领域都可能创新，要让整个公司的人都知道这一点。创新焦点包括未来业务组合、创新模式和资源利用。在"碗里的""锅里的""田里的"不同阶段，创新的重点是不同的。

"碗里的"创新模式比较多，帮助企业赚更多的钱；"锅里的"创新帮助企业打造明天的竞争力；"田里的"创新，比较多见的是标准和专利。绝大部分的饱和攻击是针对"锅里的"，这是明天增长最快的业务，少部分是针对"碗里的"。

创新有两点必须注意。第一，没有对准客户需求的创新是伪创新。因为客户需求是移动的、不停变化的，所以我们要一直研究客户的偏好及其变化和演进的趋势。第二，"鲜花插在牛粪上"，依托现有的核心优势去创新。创新不要脱离核心能力圈，脱离核心能力圈的创新不会带来竞争优势，还不如直接向对手购买专利使用权。能够模仿的，不要自己去创新，这样可以最小化创新风险。

华为的很多研发部门有个例行的茶话会，会上领导不能说话，只能听。大家天马行空想出很多点子，并由首席规划师对它们做甄别，筛选出最有可能变现的，然后安排做下一步的认证。认证需要少量的投入，之后到业务管理会上验证，如果未来会有很大的前途，就立项给它投资源开发。

华为产品和业务中的很多创新都是这样出来的——先天马行空，之后认证和小规模开发。在这其中，有一些最初觉得不靠谱，后来发现空间很大，实际上可以做。创新的本质，就是把不可能变成可能。华为早期是做代理的公司，没有技术、没有人才、没有资金，在服务上做了点创新——保姆式服务。保姆式服务就是，随叫随到态度好，无条件满足客户所有的要求。就是靠这个服务的创新，华为赢得了客户的信任。当然，用保姆式的服务很难构建战略控制点，企业迟早要走向技术和产品的创新。海底捞的服务，背后是流程和执行力。

当思考竞争的时候，我们要多想想下一代产品是什么，我们的输赢由下一代产品所决定。从基础转型到商业模式，都有可能成为下一代产品的支点。

业务设计

业务设计有六个模块：客户选择、价值主张、价值获得、活动范围、战略控制点、风险管理。

（1）客户选择——谁是你的客户？客户选择就是市场选择，你选择在哪个市场打仗。华为 MATE 手机定位的目标客户是商务人士，他们未被充分满足的需求是：大屏、电池续航时间长、信号好、双卡。这几个市场需求高端机市场没有充分满足，华为盯上了，后来也成功了。

（2）价值主张——客户为什么选择我？公司的产品和服务，相比竞争对手，给客户带来什么样的独特价值？要看客户的需求是否得到了满足，我们的产品和服务是否以客户的最终需求为导向。产品和服务的独特性和影响力体现在客户是否真正认可我们的产品和服务，我们的产品和服务是否能帮助客户实现增值和获得收益。产品选择很多，客户为什么会选我们的产品？性价比是所有控制点中最弱的控制点，只有性价比好是没有用的，性价比不能成为长期的战略控制点。战略控制点可以是服务好，比如京东的商品质量可控、快递速度快，形成了客户黏性，这就是战略控制点。

（3）价值获得——指商业模式。如何把产品卖出去？如何赚钱？有其他盈利模式吗？如何计算我们的收入、利润和市场份额？我们依靠什么吸引客户并获取利润？一次性卖很贵的服务与持续地卖很便宜的服务，是两种不同的商业模式。举例来说，华为的 3G 解决方案，虽然比别人的产品好不少，价格还便宜，看起来会吃亏，但随着市场份额增大，新业务和用户数量不断增长，使华为后期持续获利，这是背后商业模式的设计带来的。华为用一个战略控制点盯住客户，不断提升客户忠诚度，并用其他产品持续提供价值。在整个通信产业中，华为 3G 的商业模式是设计得最好的，利润比苹果还高一点。华为有个部门叫"商业模式部"，专门研究商业模式。

（4）活动范围——在价值链中的位置及与合作伙伴的协作。传统 4P 理论中的 4P 是指产品（product）、价格（price）、渠道（place）和推销（promotion），对这些要素进行分析和整合的目的是把企业的核心能力发挥到最佳，其前提是先看清楚自己的核心能力和不足，不足的部分通过找合作伙伴补齐。华为要超过苹果，外观设计能力是短板，它选择跟保时捷设计公司合作。企业在经营活动中的角色和经营活动的范围，解答了企业做什么和不做什么的问题。在艺术化设计这个领域，华为选择了"不做"。在相机这个领域，华为选择跟徕卡合作，也是"不做"。虽然很多客户因为拍照功能而选择华为手机，但在拍照功能这个客户价值中，华为只做设计生产，未将其作为核心控制点。华为以外包的方式与其他公司合作。可以看出来，华为的核心控制点是芯片，其他方面可以选择合作的方式，只要最后呈现给客户的是最好的就行了。华为进入其他领域，也是按照这个逻辑。这就是经营活动范围的选择，最大化自己的优势。

（5）战略控制点——怎样保证自己在价值链中持续有存在价值？核心竞争力和战略控制点是什么？是否踩准客户需求的转移

趋势？如何保护利润？高通和 ARM 的战略控制点是拥有标准；苹果和微软的战略控制点是产业链控制；腾讯（QQ、微信）和亚马逊（云计算）的战略控制点是绝对的市场份额；说起买空调我会想到格力，品质是格力的战略控制点，"好空调，格力造"；谷歌在软件领域遥遥领先，在人工智能领域遥遥领先，短时间内基本上没有企业能赶得上，技术领先是谷歌的战略控制点；华为通信领域的产品，硬件水平世界第一，这就是华为的战略控制点……

　　华为有了硬件的战略控制点以后，做任何通信领域产品，硬件一定要是世界顶级的。所以华为做手机也是心里有底的，一开始就处于领先地位。华为在持续提升竞争力的过程中，不仅看收入指标，更看在战略控制点上的控制力是不是越来越强。通信领域的专利，最初高通占绝对的统治地位，早期华为每年要交给高通数亿元的专利费，后来华为发展了 8 万多件专利，5G 产品专利全球领先，这就是不断构建和强化战略控制点的结果。

　　（6）风险管理——规避、承受、利用、减小和分担。华为在产品开发和制造阶段，很重视对可能发生的意外风险的管控，这在华为内部也叫业务连续性管理（BCM）。风险管理的对象包括外部风险和内部风险，这里不考虑战争和天灾。外部风险包括政策风险、产业风险、客户变更风险、需求变迁风险、供应中断风险、价格陡降风险和汇率风险等；内部风险包括技术实现风险、人才流失风险、产品进度滞后风险、成本超预期风险、关键物料缺货风险和生产能力不足风险等。识别出风险后有应对策略，并分解执行，才属于风险管理。风险管理的措施包括规避、承受、利用、减小和分担。

业务设计是战略规划的落脚点，是迈向执行的关键。

战略规划中的第三轮"吵架"：落地执行

到了第三轮 PK，其实战略规划已经做完了，资源也分配下去了，剩下的就是执行。战略执行中遇到的问题，往往是理想和现实的 PK。在执行的时候，可能环境变了，原来的设想没发生；或者节奏不对，出现了新的可能性；或者客户需求变了。这都需要我们在战略执行的过程中灵活调整。

执行的关键在授权

很多公司没有解决好的，恰好是战略的落地执行。这跟组织的活力相关，因为执行权在一线，然而一线是否愿意主动调整、创造性地执行是个变数。

很多公司的一线就是个牵线木偶，是个执行部门，没权力、没知识、没动力、没能力，这样的组织相当于一潭死水。基层得到的信息是有限的，而且能力和级别都低，没什么权力，也没预算，说了不算，在这种情况下，很难想象基层的动力来源。如何让一线充满活力，而不是想办法提升员工的执行力，是管理者需要认真思考的。

战略执行对于小企业简单，因为小企业的层级简单、业务简单，老板一眼就看穿了。企业规模大了以后，业务复杂了，尤其是管理体系、汇报体系建设得比较正规了，企业家处于企业权力体系的顶端，最后汇报上来的东西全是企业家喜欢听的。郭士纳说的"让大象跳舞"，是很有挑战的。伟人推动了历史，让历史的车轮滚动起来，但以后的滚动还是要靠蚂蚁雄兵。企业要分权，要让一线承担责任，让一线有能力，还要相信一线，其实就是相信群众。如果企业所有事务都要靠最高层领导，他会被累"死"，即便这样，最后也很可能完不成，因为一线人员才是最了解客户的人。

市场经济调动了每个人的积极性，每个人都对自己的结果负责，对自己结果负责的群体才有动力。华为提出了一个"少将连长"的概念，让一线有权力、有能力做决策，而且干得好就奖得多，没人给穿"小鞋"。很多公司在战略执行方面存在问题，这不是监控的问题，而是授权的问题。从战略共识上、资源配置上、能力建设上，以及整个矛盾的优先级处理上，把问题都解决了，战略才能执行下去。否则如果只是大家口头上同意，实际做的时候就会有很多问题，整个激励、奖励体系没改，战略规划也是无法落地的。

企业要形成自己的风格

战略是什么呢？如果某个地方的环境适合羊生存，羊就能生存下来。如果这个地方有一堆老虎和狼，那一般羊生存不下来。如果这个地方是一片水域，鱼就能生存下来，陆地动物就生存不下来。什么意思呢？战略规划就是构筑企业的能力，匹配市场特点，匹配了企业就生存下来了，不匹配企业就生存不下来。

比如足球运动，欧洲人人高马大，擅长冲撞，亚洲足球队员在力量、身高方面没有优势，但是我们有自己的特点——"小、快、灵"，所以亚洲足球这些年战绩越来越好。团队需要有自己的风格，这个风格就是打法，对于公司来说，打法要适应产业的特点。就像足球比赛中的排阵形，公司一定都有很多问题，没有一个足球队在每一个位置上都是世界上最强的。即使某个位置上是世界最强者，也可能在某一场比赛中发挥不好。最关键的是赢球，而不是每个位置上都是最强者。因此要调整阵形，让阵形配合战略，让场上每个队员的能力都能释放出来。这才是组织充满活力的表现，也是战略落地的基础。战略一定是找主要矛盾，把竞争力建筑在一个点上，把能力提升起来，并以此取胜。再厉害的组织，也不可能让每个环节都成为世界第一。

企业要形成自己的风格，找到适合所在产业的特点。有些产业技术变化缓慢，几十年都不变，这个时候，规模、成本、品质和交付这些要素在起关键作用，企业就要在这些地方构筑竞争优势。如果生存问题、温饱问题都解决了，就需要围绕体验构筑竞争力，于是苹果就出来了，不管是 iPod、iMac 还是 iPhone，苹果一直崇尚体验，宁可封闭系统，也要把客户体验做好，所以价值很高。公司的本质就是适应市场特点，把能力发挥出来，不断地获取竞争优势。这就是企业或者组织的风格。

华为选择的风格，就是在技术快速变化的领域中，靠满足客户需求和技术取胜，而且在技术转型中，用下一代技术赢对手。战略要面向某个点去构筑能力，而且坚持构筑这个能力，在能力范围内的业务就做，超出能力范围的业务不做。具体的竞争战术也是跟这个配合的，思维方式、流程体系、激励体系也都相应匹配。

战略执行的关键四要素

战略执行的四个关键要素是：关键任务和依赖关系、正式组织、人才、氛围与文化。

关键任务和依赖关系：是业务设计和价值主张所必需的。企业要清楚哪些任务需要自己完成，哪些任务可以由合作伙伴完成。组织间的相互依赖关系是有效的业务设计的基础。

正式组织：为了确保关键任务和流程有效执行，需要建立相应的组织结构、管理和考核标准，包括人员角色、管理与考评、奖励与激励、职业规划、人员和活动的物理位置，以便于经理指导、控制和激励个人与集体去完成团队的重要任务。

人才：指人力资源的特点、能力以及竞争力。要使战略被有效执行，员工必须有能力、动力和行动来实施关键任务。

氛围与文化：指创造好的工作环境以激励员工完成关键任务。积极的氛围能激发人们创造出色的成绩，使他们更加努力，还能在危急时刻鼓舞他们，容忍失败。

执行模块要输出关键任务，清楚支撑业务设计的关键任务、依赖关系、里程碑和考核指标。以上内容确定以后，围绕业务目标，如果需要新成立一个组织，可以考虑进行组织架构设计。

下面对战略执行的四个关键要素进行展开说明。

（1）关键任务和依赖关系。关键任务和依赖关系的梳理，要实现四个目的：①支撑业务设计，尤其是价值定位的实现；②整合关键运作流程的设计与落实；③建立战略与执行的连接轴心；④建立执行模块的基础。

在对商业本质、关键矛盾及成功路径有深刻认识后，才能定义出战略举措与关键任务。企业要将战略逐层分解为可执行、可管理的关键战略举措、战略指标、重点工作。SP 阶段的战略描述可分解为"关键战略举措＋战略衡量指标"、关键成功因素、三年目标、里程碑。然后进入 BP 阶段，进一步分解到个人，输出年度关键措施和目标、年度重点工作、KPI 和个人业务承诺。最后是主观的个人业务承诺。每个人都要跟主管签个人业务承诺，任务一定要落实到下属。签完个人业务承诺以后要对员工进行教练式辅导。这样，关键任务最后落到全公司每一个人的身上。战略解码的过程，就是持续进行战略对齐、战略落地的过程。公司资源要聚焦关键战略举措、年度重点工作。目标一旦确定，集中全力实现。

举例来说，关键任务可以这样描述：关键任务 1——终端领域继续战略突破，销售突破 1000 亿美元；关键任务 2——解决劳资分配关系，落实 3∶1；关键任务 3——建立适应领先者的人才结构；关键任务 4——建立项目型组织，落实"让听得见炮声的人决策"……这些关键任务，都有总裁层面的负责人。

（2）正式组织。关键任务有了以后，要考虑一个问题：要不要设立新的组织来完成任务？或者就以现有的组织去匹配任务？华为每年会有个两天的会议来研究现在的组织结构是否合适。讨论的关键点是，未来业务的变化会如何影响组织。华为的组织面向未来三年建设，组织不能不变，但也不能变得太快，一定是比现在略微超前，然后一点一点地变化，这是面向未来的组织。创新团队和成熟业务团队的管理方式是截然不同的，千万不要谋求在一个组织里面采用完全相同的人力资源管理方式，不同的业务要用不同的管理模方式。

（3）人才。如果没有关键人才，企业可以自己培养，但是需要的时间长，短期肯定要去挖。但是挖来的人可能会留不下来，能留下来的都是价值观一致的，那就继续重用。大多数挖来的人才都留不下来，这是正常现象，有一段时间的合作也不错了，不要指望所有人都是同路人。人力资源部门也不要纠结于人员流失率，天天想"人为什么走了"，走了就走了，需要人才时该挖就挖。

（4）氛围与文化。一个真正有激情、有奋斗精神的团队，氛围会非常好。企业要奖惩到位，并坚持末位淘汰。没有严格的末位淘汰，企业的执行力是不可能提高的。华为的末位淘汰机制，主要是针对干部的末位淘汰，包括最高职位干部，每年的指标是

10%。组织要进步，必须有淘汰机制，有一个完整的机制来执行这个任务。组织、氛围、人才的本质都是人力资源管理，人力资源部门要运营好企业的人力资本。

战略体检

战略体检是对战略和业务一致性的评估。我们要在关键任务和依赖关系这个维度问：基于业务设计，我们是否清楚地知道要完成哪些关键任务？哪些事情我们需要很好地执行以便提供给业务设计？我们要在正式组织这个维度问：组织结构支持关键活动的实施吗？我们需要重新设计组织结构以完成关键任务吗？评估体系与战略相一致吗？我们要在人才这个维度问：我们有完成任务所需的技能吗？我们有对这个业务设计必要的训练吗？我们有这种能力还是需要找外面的资源？我们要在氛围与文化这个维度问：价值支持业务方向吗？我们需要培养哪种文化？

我们不停地问这些问题，就是在不停地做战略体检，这也是一个不断地进行战略对齐的过程——从市场洞察到形成战略意图，到创新，再到下一代业务设计，产生关键的战略控制点，然后分解到关键任务，并分配支撑关键任务的人、钱、IT 等资源，这个流程实现了从客户到资源的战略解码。把战略建立在流程化的组织上，就是把上面战略解码出来的一堆文档全部 IT 化，嵌入管理的每个环节。

用流程去约束人的行为，才能将战略落地。如果以上一系列战略解码的过程正确，后面就是立项、过会评审和执行。

公司的战略不是听明白就能做好的，需要参与深度学习和模拟训练，在实践中尝试和摸索，最后才能形成每个企业独有的战略管理体系。

战略规划的经营：战略辅导和健康度审视

华为战略规划的落地，需要战略辅导，这也是一个战略健康度审视的过程。

华为在 BP 制订流程中落地 SP 的各项输入与要求。每年 9 月，BP 与述职开始启动筹备，包括产业目录及销售目录、投资组合与研发费用口径及原则，以及年度业务计划与预算、经营管理规则。9 月底到 10 月初启动全面预算评审，SP 向 BP 输入，10 月到 11 月进行机会点到订货分析、制定预算约束条件、制定人力预算管控条件，11 月到 12 月进行机会点与订货目标第 1 稿评审。12 月根据机会点与订货目标第 1 稿和 SP 的输入，制订出 BP，包括投资组合规划，以及技术、品牌、营销、变革等业务规划，并导出重点工作。结合预算约束条件，制定全面预算。结合人力预算管控要求制定人力预算。次年 1 月进行投资组合与研发费用、重点工作、全面预算、人力预算评审，一方面输出 BP 与述职报告，另一方面制定组织 KPI 目标值和制定高管 PBC。次年 4 月是 KPI 目标值评审、BP 制订与述职、PBC 沟通签署。这就是在 BP 制订过程中不断输入 SP 要求的完整流程，在这个过程中，战略逐渐落地。

战略规划运营管理中的战略辅导，是通过运营仪表盘掌握 SP/BP 落地情况，并进行闭环管理。高效运作的核心活动是：例会例行审视，奖惩激励措施保障持续改进和运营。仪表盘管理闭环的各个环节是业务绩效方案设计、监控与分析、预测与预警、业务绩效改进。业务绩效方案设计包括战略目标和 KPI 设定，沿流程和组织维度分解，制定基线、目标、奖惩等，输出绩效度量方案；监控与分析包括监控分析模型设计，业务过程监控和业务异常分析，业务执行问题识别，业务执行干预和纠偏；预测与预警包括分析度量结果，预测业务结果，预警目标差距，制定改进建议和发布改进任务令；业务绩效改进包括制订改进计划，实施改进计划，目标达成激励和问责/示警。整个仪表盘以数字化运营为基础，包括数据地图、指标管理、平台运营和数据服务，服务于整个闭环，辅导整个战略落地。

战略健康度审视分为短期和长期两种量度。短期问战略执行是否良好，侧重于战略执行，包括审视关键战略举措执行与目标达成情况，评估战略执行进度与计划进度的差距，识别执行中的关键问题、障碍与风险并提出应对措施。审视结果作为下一轮战略规划的输入。长期问战略是否正确有效和是否需要调整，侧重于审视战略健康度，包括审视战略是否带来预期结果，识别行业、竞争、市场需求变化带来的机会或威胁以及对现有战略的影响，识别更新或调整现有战略的问题、战略性挑战与环境风险。审视结果作为下一轮战略规划的输入。

战略还要持续驱动管理变革，提升组织能力，抓住战略机会点，不错过时代。利益相关方和商业环境提出需求与渴望，企业根据 IPD 产品管理流程管理客户需求实现，MTL 市场管理流程实现从市场到线索，LTC 销售管理流程实现从线索到回款，ITR 服务管理流程实现从问题到解决，这些流程接受 DSTE 战略规划执行流程战略目标的输入。IPD、MTL、LTC 和 ITR 流程是华为的基础流程，这些流程在实现客户价值后，一方面实现客户满意，并接受客户反馈，另一方面将结果输入 DSTE 战略规划执行流程，实现战略迭代。财务、人力资源、IT 等支持流程，根据 IPD、MTL、LTC 和 ITR 等流程的绩效评价，进行绩效提升。

战略规划的意义

培养干部：好的战略规划让统帅持续涌现

在华为的战略论中，战略规划可以培养和训练干部：首先是业务部门的全局观，其次是职能部门的业务观。华为的人力资源部和财务部以前是不做战略规划的，有一段时间任正非总是批评他们，说"财经和人力资源是华为最落后的体系"。但人力资源部的人不参与业务，也不懂业务，不是做销售出身的，也不是做研发出身的，只负责组织培训、考核和发奖金等人力资源相关的工作。这样的人力资源部是个秘书、组织部门，如果让他们做战略规划，做出来的规划会是明年招几个人、做几场培训，这都是操作层面的计划，没有任何战略意义。

华为后来是怎么做的呢？逼着他们参与和理解业务。他们的任务是从人力资源和财务角度，支撑业务成功、战略成功。华为后来慢慢地把人力资源部和财务部的领导全换成了有业务背景的。操作型的人还是在做操作型的事，制定策略和方案方面的工作全由做业务出身的人来做。战略规划这个动作，让业务部门有了全局思维，让职能部门有了业务思维，把整个公司的业务连接起来，能力提升起来。很多公司，尤其是稍微大一点的公司发展受限，就是因为帅才太少，没有能独当一面的干部。培养这么一个干部的成本很高，而战略规划能够使组织不断地以低成本培养出统帅，这样一来，当企业的业务成长起来，就有人支撑了。一个华为轮值 CEO 就曾讲过：战略规划的结果不是最重要的，最重要的是这个过程训练了干部的战略思维能力。

解决三大矛盾：你的战略规划也许只是一纸檄文

战略规划的意义，还在于回答三大矛盾：近期和远期的矛盾，局部和全局的矛盾，目标和能力的矛盾。这三个矛盾如果没回答，战略规划就是个假规划，就是个形式上的东西，就是一篇纸上的战略檄文。

（1）近期和远期要均衡。

在设定战略目标的时候，要在目标上实现均衡，因为措施都是支撑目标的，如果目标不均衡，措施就支撑不了目标的实现，战略就是个错误的战略。所以最开始的时候，要定一个长远的目标，长远的目标是近期和远期目标的均衡。从结构上说，华为看的是收入和格局。格局是有战略意义的难点客户、难点产品，要从目标上与一般客户、一般产品区分开来。

先说难点客户。比如华为原来拓展全球市场时，必须将产品卖进欧洲的几个发达国家市场，即便卖不进去也得有目标，测试也可以是目标，销售额一分钱没有也行。即使预期年度仅销售100万美元，100万美元这个销售目标也得写出来，不能因为太少而不写。即使整个欧洲市场有10亿美元，这个产品只做到100万美元，这个目标也必须写出来。这是目标结构上的管理。

再说难点产品。比如华为当初刚开始卖无线产品的时候，一线更愿意卖有线产品，因为无线产品的竞争力不行，客户接受程度低，不仅难卖，而且费力卖出去后还容易因为质量问题得罪客户。华为在定目标时，会把难点产品、战略产品每年卖多少的规划分解，这其实就实现了目标在近期和远期的均衡。

（2）局部和全局要均衡。

一家公司的资源永远是有限的，有限的资源怎么分配是一个战略问题。不是所有任务都是关键任务，对于关键任务到底是哪个，有很多公司理不清楚。每个部门都只想把分内的事做好。做供应链的肯定想把供应链做到世界级的水平，做人力资源的肯定想把人力资源做到最好，做 IT 的一定想把流程 IT 做到最好，销售管理者都想要招到最好的销售人员。但做好这些都需要很多钱。

很多公司学华为没学到点上，说华为是因为销售利润高，所以有钱做到最好，而自己规模小，没钱做，学不了。它们并不知道，华为在该省钱的领域里省得很厉害。在需要提升管理效率和减少浪费的领域，华为比一般小公司还节省。因为节省，所以才有钱投资未来，这就是局部和全局的均衡。华为每年都会在非核心领域倒逼每个主管必须提升组织效率。

管理的改进是残酷的，不能只是吆喝。很多部门的领导者愿意做管理变革，因为每年的资源是有限的，只有做管理变革提升效率，才能确保团队健康发展。所以华为每年做预算的时候，预算优先给产品，而且要尽可能把这些钱花完，因为这是牵引式的资源配置。很多公司预算不够，把不该省的地方砍掉了，然而该省的地方砍不下去，这就是战略出问题了。

（3）目标和能力要均衡。

如果目标很高，能力撑不住，那这就是个假目标，实现不了。所以做战略规划定目标的时候，还要设定能力目标。战略落地、关键任务完成，都需要组织能力的匹配。团队的能力能否快速提升并匹配任务，与人才的管理和培养有密切的关系。所以要根据业务的目标和团队的现状，设定合理的团队能力目标。企业在达成这个目标的过程中，一方面要愿意花钱，另一方面投资要精准。产品核心竞争力、品牌能力、研发能力等都是团队能力的组成部分，这些在战略规划定目标时都需要考虑。

组织变革：脱离目标的变革规划只是"表面政绩"

华为在做战略规划时，会把变革规划作为整个战略规划的一部分。变革规划就是为了支撑业务，流程、组织、IT 该怎么调整还继续调整。

变革规划有两层意思：第一层是，业务增长需要匹配的一些能力，是要去建设的；第二层是，企业已经有了一些能力，但是业务发展后需要否定原有的能力。以前华为做 B2B 业务，服务运营商这类客户，流程很完善，但是华为现在还做手机、企业 BG、云服务和未来的车联网等新业务，就不能继续使用原有那套流程了。战略规划是组织业务能力建设的一个手段，它不仅仅服务于业务的中长期发展。

战略规划是业务需求的目标，变革是一种组织能力，而能力应该为业务服务。如果脱离了业务目标，纯粹做管理改进，那就失去了目标方向，就成了"为了变革而变革"，最后业务不会提高，只是取得了一些表面的"政绩"。总而言之，既要让管理变革围绕战略规划的目标进行，又要在战略规划中推动管理变革。

小　结

现在大部分企业都有做战略规划的意识，要么自己做，要么请咨询公司帮忙做。但最大的问题往往是战略规划和战略落地执行脱节，战略目标和战略结果脱节，目标和激励脱节，战略跟流程、组织、能力脱节。很多战略规划失败，主要的原因就是这几个地方的脱节。如果企业在锁定了方向，锁定了新的业务增长机会点，找到新业务后，没有进行变革和规划，没有去思考组织怎么重建、流程怎么重建、企业能力怎么重建、考核激励方案怎么重建，就会导致战略是新的，但思维方式、做事的方式还是老的，穿新鞋走老路。最后企业还是在原来业务的延长线上继续前进，原来怎么做，现在还是怎么做。

很多公司很舍得花钱，请咨询公司来辅导战略规划，战略规划不难，真正难的是战略执行，华为厉害的地方在这里。华为不仅能找到战略方向，而且能在锁定方向之后，真正走到要到达的那个地方，而对手可能在走的过程中被淘汰了，这就是华为跟其他企业不同的地方。大部分企业都找到了方向，但是没有走到目的地。已经找到了下一代产品，但是怎么把下一代产品变现，怎么变成商业结果，这是中国大部分企业家面临的难题。任正非所说的"华为没有什么秘密，唯一的区别就是大家都知道的事情，华为做到了"讲的就是这个道理。

战略规划的起点，是企业家的问题意识和危机感。战略规划是为了解决企业的根本性问题，在这里企业家的认知水平是关键，而战略规划的方法论是服务于解决这些问题的。华为的战略规划，确保了"方向大致正确"，这个方向是时代的方向，也是大趋势的方向。

华为认为，真正的竞争是用下一代产品去赢得胜利。下一代产品，是战略规划出来的，而不是拍脑袋拍出来的，只有这样才能确保企业基业长青。将企业的基业长青交给科学的规划体系也是一种方法，这种方法使企业不再完全依赖创业者的个人智慧，还可以借助一个系统和科学的体系。有人说华为的成功因素是成就客户、"穿美国鞋"、以奋斗者为本，所谓的"穿美国鞋"还是以"削足适履"的方式来实现的。华为的战略管理实现了"科学地做事"，任正非说华为没有战略，是因为战略规划的流程确保了"方向大致正确"。

企业是一个功利性组织，每个人都在根据自身的利益进行决策，不同决策模式形成"布朗运动"。在互联网时代，外部环境迅速变化，竞争者层出不穷，企业需要在时代浪潮中紧抓正确的方向，避免被时代抛弃，以战略管理的确定性去应对方向的不确定性，这是华为在实践中总结出来的，这让华为同时在 to B 和

to C 两个领域获得了成功。在战略规划上保持方向大致正确，在战略执行中确保组织充满活力，这是华为让战略不停留在纸上的秘诀。在实践中，华为使战略与企业的愿景、使命和价值观联结，用 DSTE 流程进行战略规划，将 BLM 作为战略规划和解码工具，最后战略落到每个人的业务计划，并在闭环中落地。

华为的战略管理吸收了西方管理科学的精髓，是"中体西用"中的关键之"用"。

学习华为，要学华为如何做事，坚定不移地吸收科学管理方法，敢投入，强落地，长期坚持，不要敝帚自珍、狭隘地妄自尊大。

| 第 2 章 |
• CHAPTER2 •

用流程的确定性应对客户需求的不确定性

　　企业的成功，在于紧紧跟随客户需求，实现价值。可是客户需求永远在变，充满不确定性。事实上，在如何满足客户需求方面，企业往往会缺乏一个抓手。

　　在组织中，要承载业务的不是个人或者团队，而是流程。流程是客户需求的抓手，就像牵住风筝的那根线。优秀的企业，要以流程的确定性，应对客户需求的不确定性。

　　哈默在《企业再造》中，提出了 3C 力量，分别是客户（customers）、竞争（competition）、变化（change），"客户"独占鳌头。卖方不占优势时，买方获得支配地位，这已经是老生常谈了。大多数充分竞争的行业走入买方市场，买方决定买什么、什么时候买、支付方式等。

随着信息产业的飞速发展，企业在专业信息上的优势变弱，客户的优势地位变强。客户知道自己需要什么吗？有的企业说，以前的客户很简单，很容易看懂，现在的客户，已经看不懂了，对于企业而言，充满了不确定性。

作为乙方的企业会发现，自己交出的方案，甲方总是不满意，一改再改。为什么呢？因为甲方所处的环境一直在变化。善变的客户，是VUCA〔VUCA是指易变（volatility）、不确定（uncertainty）、复杂（complexity）、模糊（ambiguity）〕时代的核心人物。

客户的不确定性有时候是因为他领导的想法改变了，而更多的时候还在于，客户的客户也在迅速变化。

交通广播电台以前一直跟音乐台、体育台竞争出租车司机用户，后来发现大家一起被滴滴出行打败了。

出租车司机重点关注有没有乘客发单，没空听广播了。滴滴出行问世之前，出租车司机的潜在客户在路边。有了打车软件后，出租车司机的潜在客户，有的在线上，有的在路边，出租车司机的行为也随之发生了变化。随着互联网和移动互联网的普及，很多行业出现了这种"斜刺里杀出来的"的颠覆者，而这种情况一旦出现，给行业带来的就是颠覆性的改变。

传统的客户分析模型静态地看待客户的需求，确认客户需求的方式是探询。现在的客户，已经不再"羞羞答答"，他们恨不得全世界都知道自己的需求，不等你探询，他们就和盘托出了。关键是，企业能理解客户的需求吗？客户需求分析的关键已经不是清晰度，而是需求的变化了。

客户需要综合性的解决方案，需要客勤关系、回款合同、整体方案、定制技术、品质、按期交付……这些需求充满不确定性。客户需求的不确定性说明，客户的需求正在从单一产品变成解决方案。

让企业之魂永存的，不是企业家，而是流程

华为等企业的成功经验表明，企业可以用有限的、非常明确的流程，去应对业务方面的不确定性。

客户需求是不确定的，企业流程是抓住客户需求的抓手。为不同客户设计不同流程，而且这个流程能够实现闭环，满足客户价值，以流程的确定性应对客户需求的不确定性。企业的管理流程也一样。1 万人的人力资源管理，变成 18 万人的人力资源管理后，从表面上看，要增加十几倍的工作量。但是如果企业的流程完善，管理 1 万人跟管理 18 万人，没有本质的区别。所以流程也是管理的抓手，抓住管理的不确定性背后的相对确定性。企业用端到端的流程，锁定企业内外客户的需求。

企业之魂是什么？它又附着在哪个载体上？

任正非在 2003 年写的文章《在理性与平实中存活》说道：企业的生命不是企业家的生命。西方已实现了企业家的更替，不影响企业的发展。中国一旦企业家没有了，随着他的生命结束，企业生命也结束了。在中国，一些企业的生命就是企业家的生命，企业家死亡以后，这个企业就难以为继，因为他是企业之魂。一家企业的魂如果是企业家，这个企业的风险就变得非常高。

企业要建立一系列以客户为中心、以生存为底线的管理体系，而不是依赖于企业家个人的决策制度。这个管理体系在规范运作的时候，企业之魂就不再是企业家，在一定程度上变成了客户需求。客户是持久存在的，这个魂是持久存在的。

企业家在他的企业中没有太大作用的时候，就是这个企业最有生命力的时候；企业家还具有很高威望，大家很崇敬他的时候，就是企业最没有希望、最危险的时候。华为的宏观商业模式中，产品发展的路标是客户需求，企业管理的目标是流程化组织建设。华为以 IPD 流程为基础，坚定地走上了流程型组织的建设之路。

以下三类企业，需要重新审视流程。

第一类企业：资源足够，但就是无法把好的想法落地，没有做事的方法，那么是时候考虑建立流程了。

第二类企业：内部充斥官僚气息，工作相互推诿，员工出工不出力，给了激励，也只能短暂见效，很快就恢复原样。特别是有些事业部制的企业，部门墙林立，部门之间象征性合作，整个公司效率低下，士气低落。这类企业，往往还披着现代化企业的外衣，是时候抛弃幻想，重新认识自己，好好梳理一下自己的流程，看看它是不是已经过时，成了业务的束缚。

第三类企业：已经开始向流程型组织迈进。这类企业已经非常优秀，流程高效，业务飞速发展。他们有更高的梦想，希望成为世界级的行业领导者。但他们需要不断挑战自我、否定自我，不断放下自己的成功，开拓新的领域。对自己的要求，不仅是短暂的优秀，所以他们不仅需要建立好的流程，还需要建立好的流程优化机制，用流程牵引组织架构。

华为流程的构建史

华为为什么会成功？大家一般比较认同的观点是：优秀的企业文化成就了今天的华为。这种文化就是以客户为中心、以奋斗者为本、长期坚持艰苦奋斗。不过也有一些企业管理者追问，除了企业文化，华为更进一步的差异化优势是什么？答案是：流程型组织、矩阵式管理、授权和行权监管的权利分配机制。华为构建流程型组织是有其内在原因的。

华为为什么选择流程型组织

华为的成功是管理体系的成功，是规则制度战胜了人治的成功，是从权谋型公司治理向西方法制化治理转型的成功。

　　华为的矩阵式管理是怎么来的呢？华为从草根企业起步，经过了一系列演变。初期，它也采用垂直的烟囱型的职能型组织模式。随着公司的快速发展、组织规模的扩张，如何更好地管控公司呢？任正非自己也曾经苦恼和彷徨过。他曾经对公司的管理干部讲过："你们不要因自己管理了几百个人就沾沾自喜、不可一世，你到我这个位置，管理几万个人试试？大家长是不好当的。"

　　华为请了国际咨询公司充当外脑，参谋组织变革。曾经有一个专家建议华为参照 GE，采用事业部制。任正非在仔细研究了事业部制的管控模式以后，把这个建议否决了。他觉得事业部制就像古代的诸侯分封制，每个人都有自己的小家，都会打自己的小算盘，外部没乱，自己内部先乱了。中国历史上，远在汉朝初期，就出现过七国之乱。放在企业来看，事业部制不能让公司在大的战略方向上做到力出一孔，无法凝聚公司力量形成合力。所以华为选用了"大平台、矩阵式管理"的公司管控模式。

　　矩阵式管理的优势是明显的。矩阵式管理不是华为独创的，但是采用矩阵式管理并取得成功的，据笔者了解，目前还没有哪一家企业超过了华为。矩阵式管理有很突出的优点，就是强大的中央集权的控制模式，以及与之匹配的超强执行力。华为的管理模式中，借鉴了军队的很多管理方式，典型的例子就是它的市场部大会，在深圳的体育馆，万人合唱革命歌曲、拉歌，这跟任正非的军人出身有点关系。华为特别强调服从性，不讲条件，不找借口。华为最初条件艰苦，就像腰里只两个"手榴弹"，前方市场中有个"碉堡"，冲还是不冲？华为对于市场各级管理者的要求是，理解的人要执行，不理解的人也要执行。打仗的时候，是不能讲民主的。"胜则举杯相庆，败则拼死相救"一直是华为市场部的座右铭，华为早期市场卓越的表现，跟它的超强执行力是分不开的。

矩阵式管理也有其弊端。华为早期的管理能力非常薄弱，曾经付出了惨痛的代价。比如，矩阵式管理有一个非常明显的弊端——管理层级过多。以华为市场体系为例，分为各产品行销部、片联、地区部、代表处等。机构臃肿，人浮于事，效率低，推诿扯皮，各级管理者不作为，这些问题在后期都慢慢地显现出来。这也是企业矩阵式管理不能取得理想效果的一个重要原因。那华为是如何来破除这个魔咒的呢？

流程型组织是为了克服矩阵式管理的弊端才出现的。流程型组织构建的一个依赖条件是，公司的执行力要够强，而这恰恰是矩阵式管理的优势，所以它们是互补的。这也是事业部制的公司构建流程型组织非常困难的一个重要原因。

流程型组织究竟强在哪里呢？它的强大之处，就在于把公司粗放的管理逐步清晰化，管理能力细化到具体的项目当中。项目是企业存在的基础，也是业务管理的最小单元。华为的研发部门的产品开发是一个个的项目，市场订单也是一个个的项目，订单的后端交付也是一个个的项目。对于生产销售型的公司而言，项目是企业存在和发展的基础。企业所有的活动、组织，应该直接或间接地为项目服务。项目对应的就是一个个具体的客户，这就明确了企业要以客户为中心来开展活动。

用一个形象的术语来描述，华为过去的组织和运作机制是"推"的机制，现在华为要逐步转换到"拉"的机制上去，或者是"推拉结合、以拉为主"的机制。推的时候，是中央权威的强大发动机在推。一些无用的流程、不出工的岗位，是看不清的。但是沿着项目拉动企业活动的时候，看到哪一根绳子不受力，就把它给剪去。连带这根绳子上的部门、人员，一并剪去，组织效率就会有比较大的提升。

在流程型组织的拉动下，矩阵式管理体系由原来的管理职能向服务职能发生了转变。组织定位发生了根本性的变化，由管理部门转变成了资源部门。后方变成了系统支撑力量，负责及时有效地提供支撑与服务，以及分析与监控。矩阵式管理的层级过多，想要保持流程型组织的灵活性，支持公司全流程运营，就必须构建授权、行权、监管的分层授权体系，这是非常难的。没有强大的公司管理平台、数据支撑平台、审计与监控体系，这个事情根本做不了，会陷入"一收就死，一放就乱"的尴尬局面当中。现在能做到五级授权，是华为管理能力强的体现。

华为的流程构建史也是一部斗争史

现在的华为是全流程型的公司，把企业所有的活动纳入到了16个一级流程里面，构建了企业业务运行的堤坝。任正非无法依靠个人来管控这么大体量的公司。华为必须走向规则治理，用确定的管理规则来应对不确定的市场管理。

流程型组织最大的挑战，不在外部而在内部。构建流程型组织的障碍，主要是人性。管理体系的构建是基于人性的，它管理的是人的动机。构建流程型组织面临的挑战之一，是人性的一个弱点——喜欢标新立异。

有一段时期，华为各团队花很多精力在写PPT上。华为因此被戏称为"胶片公司"。公司和个人的诉求会有差异：公司希望构建一个稳定的、依据规则治理的运作体系，静水潜流；作为个体，每个人都会有自己的小心思，如果别人怎么干我也怎么干，怎么能体现出我的能力呢？领导又怎么会看到我，并且提拔我呢？这是现实中存在的问题。很多人，特别是一些有能力的人，会试图挑战规则，来证明自己能力强。华为的流程，不一定是最优的，有可能是各个体系妥协的结果，构建了组织内的平衡。在很长一段时间内，任正非一直强调管理灰度。所谓"耳不聋，眼不瞎，不能当家"，管理要有一定的灰度，不能事事较真儿。特别是当企业的管理体系还很弱小的时候，必要的妥协是不可避免的。

华为把流程分为了三类，业务流程、职能流程和支撑流程。业务流程，也叫价值创造流程，有四个，包括集成产品开发（IPD），从市场到线索（MTL），从线索到回款（LTC），从问题到解决（ITR），是属于客户体系的流程。职能流程是为支撑业务流程的，包括战略、交付、供应、采购等，它能够强化价值创造的效果。支撑流程属于平台类的流程，包括人力资源、财经等，是提供企业公共服务的，这也是企业不可或缺的基本能力。流程之间的业务划分，是困扰很多企业的问题。一些企业在做变革，做流程再造。如果问这些企业，流程应该长成什么样子？一般的回答是：各个业务部门一起讨论出来。也就是说换一波人，讨论出来的流程很可能就完全不一样，流程管理就会毫无科学性可言。流程管理解决的是业务认知的一致性问题，它有通用的业务构建方法。按照这套方法梳理出来的流程，它的逻辑架构应该是类似的。

华为是如何通过流程集成的方式，来协同解决问题的呢？一个销售项目的完成，需要多个业务部门的协同，不但包含销售过程，还包含采购、生产、交付等诸多活动。这些活动如果不在流程中明确，销售项目就没办法完成。采购、生产活动也是需要流程来支撑的，只是这些流程不同于销售流程而已。这些活动应该在其他流程中定义，也有自己的一级流程。将这些流程，在不同的业务阶段，进行业务集成，是为了满足以客户为中心的企业诉求。

　　举一个简单的例子。华为对于交付的诉求是构建按合同履约的能力。而在相当长的时间内，华为实际上没有做到这一点。华为在早期合同的交付当中，承诺了很多不能交付的条件，比如工期、功能，公司为此付出了大量的成本，侵蚀了利润，也损害了客户关系。如何解决这个问题呢？通过流程集成去解决。华为的交付流程叫 SD 流程。为了实现按合同履约的能力，交付流程新增了一个阶段，叫作预投入。让交付人员提前介入项目，在销售项目中增加了一个角色，叫交付经理。这样的交付体系，能够提前了解项目运作的全过程，并且可以把后端的一些风险带到前面去解决，比如交付成本、合同禁止条款等。

　　华为修改了交付流程以后，销售流程的相应阶段也发生了一些改变。比如在销售流程的项目立项环节，就把交付经理的角色加了进去，并且明确了交付经理在整个销售过程当中的职责。这就是两个流程之间，通过流程集成的方式，来协同解决问题的一种方法。但是他们所做的活动，分别属于不同一级部门之间的活动，他们之间有交集，但是又各有侧重。

华为在流程构建中的发现

　　流程的分层和组件化是基础。以营销流程为例，营销体系业务的核心是前端，它的流程构建放在大的 CRM 流程变革里面去实现，重点是正确理解以客户为中心的业务实现方式。华为从四个方面去思考：首先是选择正确的客户，理论上愿意花钱买华为产品的，都是华为的客户，但是事实上并非如此。企业是商业机构，追求资源价值的最大化是很重要的。一个企业不可能服务所有的客户。

在现有的公司资源条件下，华为应该如何选择客户？如果客户给华为的订单的金额高于华为定义的人均销售贡献，这一类客户就是公司的目标客户。企业应该针对不同的客户，确定不同的等级，聚焦资源，服务好高价值客户。企业追求的是有效增长，在不同发展阶段，选择客户有所侧重是必要的。

首先，只有把资源持续投放到现在或者未来的高价值客户上面，企业未来的增长才有保障。其次，学习正确的做事方法。在完成了客户选择以后，用什么样的方法去服务客户，是营销和服务体系流程需要解决的问题。再次，找到正确做事的人。事在人为，人选错了，事情就对不了。关于人的话题，华为一线销售有著名的铁三角组织。最后，构建企业提供解决方案的能力，需要作为能力模块专门去构建，并且在项目中实现商业价值。企业要从适配客户需求的价格，向引领客户需求的价值创造转身。

构建一线"呼唤炮火"的销售流程是难点。销售体系很难管。有业务共性才比较容易管理，通过管理来强化业务的一致性。销售的难点是没有两个项目是完全一样的，梳理不出来业务的共性在哪里，所以不知道要管什么、应该怎么管，这是一些企业的通病。对于销售体系的管理，大部分企业依赖于主管的个人经验与理解。换了主管，管理方式、管理重点都可能发生变化，没有办法形成有效的管理积累。在这方面，华为经过长期的市场探索，逐渐形成了一套完整的管理体系，并且形成了有效的理论与方法的指导。

华为的早期市场拓展依赖于个人能力去运作项目，公司在这方面没有太多的能力去指导。这里要提到一个特殊的部门，在华为叫销售管理部。这个部门在市场体系的知识平台建设、经验传承共享、业务规则遵从方面，发挥的作用不小。华为在早期阶段，形成了一些知识的积累，比如铁三角的决策认知、大客户的销售技巧、九招制胜等。

在销售体系具备了基本的知识技能以后，销售过程当中面临的突出问题就是协同性：要解决各自为政，以项目为核心展开工作协同。华为在 2004 年开发了以铁三角运作为核心的重大项目运作管理，用项目管理的方法，来管理销售过程。在具体项目运作层面，确实掌握了比较有效的方法，包括相应的工具支撑。但是这套方法在一线应用的时候，仍然会遇到很多问题。

在不同的区域，不同的团队用一样的方法，项目运作的效果会参差不齐。当项目出现问题以后，又很难找出问题的根源。是客户方的问题，还是项目团队的问题？是项目经理的指挥问题，还是项目组员的能力问题？对此，华为也没有特别的发现和解决的手段，主要是通过有经验的主管和专家一起对项目进行复盘，通过集体的智慧总结经验和教训。

华为流程的顶层设计和调整

2008 年，华为在 CRM 变革当中，在埃森哲公司的帮助下启动了从线索到回款的流程建设。华为希望把优秀业务实践与埃森哲的质量管理方法结合起来，构建销售体系的质量管理系统。这样，对于销售业务的管理，就既有了理论支撑，也有了工具与方法的指导。因此华为可以尝试用理论完成对销售业务的解读。销售基于一个个项目，所以构建的销售流程方法是围绕着项目来展开的。

首先是流程分层。流程构建的第一个核心点，是要理解流程是分层的。不是实体上的物理分层，而是一种分析问题的业务逻辑方法。分层是为了把事情看得更清楚，说得更清楚。比如华为做产品开发，要先完成系统设计，也就是业务的顶层设计，把系统自身跟周边的依赖关系考虑清楚，然后延伸到概要设计、详细设计。这样自上而下，逐层细化展开。

流程分层程度取决于业务的复杂度。销售体系是比较复杂的，流程分层可以延展到六层。不复杂的流程，比如客户关系管理流程，分到三层就足够了。在华为，三层以上的流程由公司统一管理，不允许变；各地区仅允许在四层流程上做本级业务适配，但是也必须报公司批准；各代表处仅能做五六层方面的流程适配工作。流程的变化是严格受控的。

其次是组件化。流程构建要定义业务的最佳路径。流程构建的目的是在流程中实现质量、成本、效率的平衡。

构建一个完整的流程，除了定义业务最佳路径以外，还要包括实现优质、高效、低成本等业务目标所需要的相关能力。以从线索到回款这个流程为例，一级流程叫"从线索到回款"；到了二级流程就涵盖四种能力，包含战略流程、执行流程、管理流程和使能流程。执行流程上的管理线索、管理机会点、管理合同执行，反映的是业务最佳路径的理解，而这就在各个流程当中形成了不同的组件。这么做的好处是，便于华为去定位业务中的问题。在问题修复的时候，又不会对周边的流程模块产生负面影响。很多企业构建的流程，没有结构化流程分层的概念，也没有模块的概念。这样业务逻辑不清楚，构建的流程连自己也看不懂。

流程的思想

以客户为中心，流程决定组织

第一，做到以客户为企业的经营导向，成为易于做生意的企业，首先要做到对客户保持始终如一的态度。举个例子，甲客户同时会使用乙公司的两种产品，因为工作属性的关系，A 产品的使用量大，B 产品只是偶然使用。A 产品的销售人员自然将甲客户当神一样供起来，而且答应了很多超越常规的要求。B产品的销售人员因为甲客户使用量小，对他爱理不理。有一次甲客户很着急了解B产品的某个特性，于是通过A产品销售人员找到了B产品销售人员，B销售人员说等开完年会回来后，再协助解决这个问题。最后的结果是，甲客户因为错误使用了B产品，造成了很大的麻烦。几个月以后，乙公司某位高管拜访甲客户时，甲客户狠狠批评了乙公司管理混乱。这个例子在华为内部反响很大，引发了一次有针对性的反思和批评与自我批评。现实中，不仅仅会有这样的问题，还会出现同一个公司的不同部门拜访某位客户，对于同一件事情的说法居然不一样，有人说某件事可以做，有人说不可以做。相应的解决方案是，在同一销售区域内组建一个综合团队，统一策略，统一声音，集体为客户服务。

第二，要依据客户特征进行细分。为客户提供个性化服务，这已经是老生常谈了。会有人问："个性化服务"这个方案，为什么却实现不了？答案是"成本太高"，包括资金成本、时间成本、人力成本，甚至还有情感的成本。思考一下："提供个性化服务"这个任务，应该由谁来完成？仅仅是个人吗？公司层面没有个性化的输入给到一线，一线靠什么提供个性化的服务给客户呢？所以说，实现个性化服务，要重新设计流程。

第三，要预测客户需求。预测客户需求，虽然会有很多不确定性，但很多时候风险也是利润的源泉。客户之旅是一个很好的工具。沿着客户的旅程，找到客户自己不曾关注的需求，一旦成功，就会成为服务流程上的亮点。索尼随身听的成功就是一个例子，它并没有通过调研发掘客户需求，只是预测客户可能需要一个便利的音乐装备，获得了巨大成功。这类例子还有苹果的 iPod 和 iPhone。

第四，不让客户感到与你交往有陌生感。有人曾有这样的设想，为某个客户服务的人员可能会不断变换，但是为这个客户服务的人员的手机号码永远保持不变。由此，客户根本不用担心公司员工的流程，只要记下这个电话号码，对于公司就不会有陌生感。

第五，发挥客户自我服务的威力。很多公司采用会议营销的手段，影响客户。相信以下场景大家会比较熟悉：公司内部人员了解客户需求后，经过几轮讨论，终于确定了某个会议的主题和流程。但是在向参会者做介绍的时候，不少与会者提出了异议，甚至为没能事先参与而恼火，销售百般解释……如果企业有一套在线系统，能让参会者与主办方一起讨论会议的主题、时间和地点等，而且在线提交会议申请，完成供应商的选择等，这个场景多么美好。这就是让客户参与，发挥自我服务的威力。

第六，采取以客户为核心的考核措施。客户为什么买单，公司所有人的绩效就应该以此来考核。快递小哥在大街小巷不停奔跑，因为客户会为"不等"买单，于是各快递公司设置了相应的考核方案。吃客喜欢扎堆追捧网红饭店，比如去海底捞，顾客是不在意等的，因为觉得值得等。这时候，客户在意的是等的质量。海底捞显然考核了这个流程点，各家店想尽办法，让客户等得有滋有味，不再无聊。

流程对结果负责。企业生意不好了，管理高层引咎辞职，就像球队成绩不好换教练。只是要获得好成绩，还是要靠场上队员传球和射门，球的运行轨迹才是获胜的关键。公司中的流程，就像球在球场上的运行轨迹，真正产生结果的，是流程。生意结果不是理念带来的，也不是某个人带来的，更不是那些眼高手低的旁观者带来的，而是流程带来的。有人说战略指导公司运营，殊不知战略的规划也是流程，是企业众多流程中的一个。战略本身也不带来结果，而是战略牵引带来流程变革，由流程承载资源、工作和利润。战略规划不是去寻找一个简单的方法，而是以流程的方式，把战略变成一种组织能力。以静态的方式看待业务，就是战略和落地，以动态的方式看待业务，就是流程。用纵向的战略和横向的流程，建立企业整体的业务体系，这是业务的最前端。企业容易陷入的误区是，战略和流程脱节，造成企业"虚不受补"——战略做得再好，组织也"消化"不了。

管理优化的任务之一是流程优化，删掉无意义的管理环节，释放组织活力。管理优化的目的，是驱动有效增长。只有同时实现财务增长、员工成长和组织竞争力提升的增长，才能称为有效增长。多个管理要素的协同改善，不是各个管理环节的各自优化，然后简单相加，这是机械主义，而且很可能导致"拆东墙补西墙"。要把管理优化的有效增长建立在组织流程的变革和优化上。

企业竞争力的基础是流程。"蓝海"是一种幻觉，真正的企业家善于在"红海"中打仗，红海考验组织的整体战斗力。跟人体类似，人在赛场上的竞争力取决于内脏系统、神经系统和运动系统。企业的竞争力也是由内部系统支撑的，客户体系是运动系统，决策体系是神经系统，内脏系统是基础。比如 IPD 流程是"消化系统"，把市场机会消化和吸收为高竞争力的产品，为客户体系提供能量。

企业创新和变革的核心也是流程。一个组织的领导者是改革型的，那么这个组织有前途。如果管理层仅仅是个优化者，或者局部稳定者，组织也会有进步，但是这个进步不足以抵消系统自然熵增。系统不会自动熵减，如果变革抵消不了熵增，企业最后的结果是熵死。这是华为在企业管理中对熵的认识。企业中的组织变革也会落到流程上，熵减的组织，流程是持续优化的，而且有相应的方法论。效率低下的组织有相似的特征：部门之间打架、推诿，做了很多事但没带来绩效。这是自然而然的现象，虽然不是企业家希望看到的。员工的本能是关心上司，而不是关心客户，只关心局部而不关心整体。此时，企业会出现员工每天很忙，但是没绩效的情况。

研发部门开发出一款产品很自豪，送到销售部门，销售部门说这款产品太烂了，不可能卖得好，因此不去认真做客户推广。销售部门拿到客户需求，送到研发部门，研发部门理都不理，忙自己手头的产品。人力资源部门搞很多自认为不错的测评，业务部门同样理都不理……这些是低绩效的现象。根本原因是，组织是割裂的，部门跟部门之间有一堵"部门墙"。有的公司在这种情况下，要求培训部门或者人力资源部门搞团队建设，主题就是合作；团建结束后回到各自岗位，部门墙依然存在。管理创新势在必行了，而且它比产品创新更重要，因为产品的创新是管理创新带来的。

组织进化的目标是成为高效率的组织，成为高竞争力的组织，成为市场上的赢家，让流程来承载结果。

以建立流程型组织为管理目标

华为和海底捞创建了流程型组织，实现了客户和员工的价值。华为将知识工作者团结起来，海底捞将农民工兄弟姐妹团结起来，实现了企业的高效率，释放了员工潜能，员工拿到了满意的收入，受到客户尊重和赞扬，充满了归属感。公司的管理者们通过流程管理，实现多赢目标，也引领了社会的进步，这是企业家的价值所在。相信所有企业家都有这样的梦想：员工和自己都获得高收益。这个目标的抓手是流程。任正非说，华为的目标是建立流程型组织。管理者的职责，是进行创新和变革，然后把成果用流程固化下来，管理效益出来了，管理价值有了，企业战斗力也出来了。

明茨伯格教授说，既往的"管理、计划、组织、协调、控制"，说到底是为了控制员工，而且通过多次共识来控制员工，按照管理者的想法去干。但是，这种做法在当今是行不通的，因为在知识经济时代，员工开始从过去的流水线上的工人，转变成知识工作者，每个员工都需要自主思维。

建立流程型组织，不仅仅是把企业内部的流程建立起来，更是要将流程和组织建立在人性的基础上。在 BU 制的工作环境中，每个人的工作被切割得很细，相互不了解，各自完成自己的工作，交流工作基本上是"鸡同鸭讲"。流程型组织尚未建立时，跨部门交流也许仅仅停留在情感交流上，交流后的合作则靠人情帮忙。华为建立流程型组织，要求所有人成为 T 型人才，T 的"横"要求理解流程中其他人在干什么，T 的"竖"要求精通本专业。这样跨部门的交流才有了规则和轨道，这时候的交流和合作建立在相互理解和共识、策略一致的基础之上，这是企业理性。流程型组织中的这种良性交流成了可持续的状态，员工相互感情的增进就是必然产物了。

流程型组织会诞生一个角色，叫作一条龙经理，他是端到端流程负责人。流程型组织中，一条龙经理是每条流程上必须有的人，过去的职能型组织中没有这种设计。一线员工不负责任，是组织结构造成的。现在一条龙经理让一线员工成为负责任的人。一条龙经理把多职位岗位整合成一个职位。一条龙经理和客户经理一起，形成搭档。客户经理拜访客户后，把需求订单拿回来交给一条龙经理。一条龙经理有信息化系统支持，有流程和授权，有领导背书，他做完接下来的所有事情。客户经理干增值工作，干高价值工作。基于对一条龙经理的信任，简化管理。产品开发流程上的一条龙经理，可以全程负责从需求提出到产品验证的端到端流程。销售流程上的一条龙经理，可以负责从销售线索到回款的全部流程。这就是流程型组织的特点。从客户的角度来看，比如出车险的流程，应该是现场处理车险的那个人是一条龙经理，他负责到底，客户从头至尾只要找这个人就行了。

流程型组织理念是流程理论通过不断实践、创新和变革，自我否定的结果。流程从无到有，从段到段的流程，到端到端的流程，以及流程型组织的提出，是一个历史过程。在100多年前，科学管理之父泰勒提出了流程，福特在流水线上践行了流程。泰勒用科学的方法对每一个员工的工作进行科学量化分析，分工后各司其职，最后连在一块，产出产品。作坊型的生产模式逐步被大工厂取代。那时候，流程的定义是，业务流程是活动的连接，是一系列结构化的、可测量的活动集合。

这种段到段的流程，在供给不足的年代，充分满足了市场的需求，任何一段的流程优化，都会带来效益的提升。但是当市场从供给不足变化到供给过剩的时候，这样的流程会遇到问题：生产出来的产品，可能不是客户需要的。工业生产不会回到作坊式的模式，于是段到段的流程需要升级为端到端的流程，这就是流程再造。流程再造之父哈默提出的解决方案是：再造业务流程，建立流程型组织。哈默认为：业务流程是把一个或者多个输入转化为对客户价值的输出的活动。也就是说，流程的起点和终点都是客户，于是生产从"以产品为中心"升级为"以客户为中心"。以产品开发流程为例，这个流程有两个输入，一个输入是自上而下的业务规划，另一个输入是一线客户的需求。来自业务规划的需求，通过公司战略规划（SP）到业务计划（BP），最后形成产品路标规划。来自销售的输入，则是来自客户给售后服务专员的建议或要求，通过需求管理电子流收集、分析、整理并落实到产品路标和规划特性之中。这两个输入进入产品开发的通道，沿着一个流程往下走，产品设计和开发出来，市场推广和铺货，产品成功上市，到达客户手中并使用，这个流程才算结束。

端到端的流程能应对市场快速变化，以及众多的不确定性。比如一款生命周期不长的汽车的开发流程，要覆盖从立项到产品退市。因为退市涉及停止生产、停止销售、停止职能服务，这"三停"不能乱。先停止生产，库存消耗掉后停止职能服务。特别是大公司，可能会出现有人根本就不知道产品退市了，还在闷头生产零部件，还在闷头做销售，但职能服务停止了。这些信息不通畅，会带来库存增加，带来客户满意度下降。端到端的流程，能够协同所有部门，确保步调一致。

在流程型组织中，创新也是一个端到端的流程。在传统组织架构中，创新由研发部门独自负责。华为认为创新来自客户的痛点，所以它的创新流程的输入端首先是客户，然后是市场部门、研发部门、生产部门等，最后是到客户那里去验证。创新是每个人的事情，不仅仅是研发部门的事情。

流程型组织的一个改变是组织的金字塔由正三角变成倒三角，顶朝下。这样转变后，客户在组织三角形的上面，员工在顶端，各位领导和管理者去服务员工，而不是管理员工。在流程型组织中，谁服务客户谁就是老大，谁服务客户谁就是领导，不服务客户的人都是服务员，为服务客户的人做服务。比如服装行业的流程变革，应该以门店为中心，而不是以总部为中心。因为门店是产生效益的地方，门店员工不高兴，店长不高兴，客户不会高兴，公司效益就出不来。谁服务客户，就以他们为中心来进行流程再造。倒三角的流程型组织，让组织发挥出巨大的活力。活力的源泉，就是让员工面向客户，活力就是让员工在服务客户中获得成长，活力就是员工在面向客户后获得回报，管理者变成领导者。管理不再是控制，而是帮员工完成使命和成长。理解流程型组织，要明白不是流程在束缚我们，而是坏流程在束缚我们，好流程会解放生产力，用好流程去服务客户和员工。1997年，哈默的思想传到了德鲁克那里，德鲁克看完哈默的思想，恍然大悟。德鲁克说，他看到了知识经济时代如何去做人力资源管理，如何去做目标管理，如何去做人文管理，哈默找到了流程这个方法，可以将他的管理原则落地。哈默也非常谦逊，他说，"我看到了流程，但忽略了人，人是流程落地的关键，组织是流程落地的关键"。哈默和德鲁克管理思想的结合，是企业实践的双剑合璧。

流程型组织的氛围

第一，工作单元发生变化，从职能部门变为流程执行小组。职能部门的制度造就了企业内部众多的"孤独勇士"。"孤独勇士"是《部落的力量》中的一个概念，在部落领导力中处于第三阶段，最高是第五阶段。"孤独勇士"内心的独白是"我行，你不行"，他们更加在意内部竞争，而不是外部竞争，或者说"孤独勇士"的客户关系和客户价值，是他们进行内部竞争的筹码。因为职能部门制的 KPI 驱动，每个人在企业疯狂争取资源，他们处于被部门墙切割开来的流程中，企业内部的竞争比合作更重要，即使是合作，也只是象征性的合作。在这类企业中，领导力变革经常被错误运用于组织变革，其实他们需要建立流程执行小组。

华为的"铁三角"是流程执行小组，是以客户经理、产品经理、交付经理为核心的业务核心管理团队。铁三角表面上是一个战术，但本质而言，是华为过去一直提倡的流程型组织在客户端的具体实现模式。不管是铁三角，还是铁四角、铁五角，归根到底是一种商业模式，是在深度把握客户需求的情况下，做厚客户体系，进行以项目为中心的团队营销，牢牢地对客户进行立体营销，从商务、交付、产品解决方案等各方面满足客户价值。这个模式要求组织在前端实施轻足迹而不是重足迹的管理，团队模块化运作。通过轻足迹管理，快速把握和了解客户需求，同时前端的人员能够通过机制快速呼唤后端的平台，让整个组织形成对前端的快速响应，来满足客户要求。大道至简，管理要能让客户体系的流程执行小组成功。

第二，工作变换，从简单任务转变为多方面的工作。以前每个员工只需要专注于自己的工作，也只需要理解自己的工作。在流程型组织中，每个人还要理解合作部门的工作，而且还要有能力执行多项工作。这有点类似 NBA 篮球场上的"锋卫摇摆人"，同时能承担前锋和后卫的工作，这样的人多了后，组织就会越来越灵活。在客户体系，客户最希望一人就能解决他所有的需求，这样就对员工技能的多元化提出了更高的要求。

第三，人的作用发生变化，从受控制转变为获得授权。在控制型的企业中，员工完全听命于管理层，他们只是理解和执行策略。在流程型组织中，一线员工被充分授权，区域策略自行决定，只接受中央的牵引，在大方向上保持一致。这一方面释放了员工潜能，同时也对一线员工在能力上提出了更高的期望。被授权的一线员工，才能跨部门组建流程执行小组，在客户体系上"做功"。

第四，职业准备发生变化，从职业培训变为学校教育。以前，员工可能一件事干到老。HR 在招聘员工的时候，看重工作经验。职业化的培训造就的高质量"螺丝钉"，是传统企业喜欢的员工。现在，变化越来越快，不确定性越来越多，甚至既往的成功经验，会成为未来的束缚。流程型组织更看重员工的学习能力，因此员工的学习能力更为重要，相对经验而言，更需要员工的快速适应能力。

第五，衡量业绩和报酬的重点发生变化，从衡量活动转变为衡量成果。在割裂的部门制工作模式中，所有员工以消耗公司资源作为绩效目标，比如开了多少场会，做了多少次培训，作为业绩，层层上报到管理层，管理层也分辨不出有没有用，底下的人都在想办法"证明"自己有价值。在流程型组织中，横向流程被打通了，所有活动都指向客户，这时候要用结果来衡量业绩了。比如要用改变了多少客户观念来衡量会议的质量，要用改变了多少员工知识和行为来衡量培训的效果。

第六，晋升标准发生变化，从看工作成绩转变为看工作能力。在流程型组织中，客户体系中的人才是公司领导，牵引公司资源，管理层是为一线服务的。晋升不是荣誉的象征，只是工作任务的变化，选择的标准是备选人的能力是否胜任。奖励工作成绩的方式，是奖金，或者其他报酬，而不是职位的晋升。

第七，价值观发生变化，从维护型转变为开拓型。传统的部门制组织中，很多人，特别是中层管理者，以守住自己的职位为目标，切断信息的沟通和交流，整个公司也趋于保守，内部政治盛行。在流程型组织中，每个人为客户价值的实现而奋斗，切断信息流是无法捍卫自己的职位的，只有通过流程小组的形式实现客户价值，才能确保自己在公司里的地位。

第八，管理人员角色发生变化，从监工变为教练。传统的管理者像个拿鞭子的牧童，时不时"敲打"一下自己的下属，驱动他们按照自己的计划前进。流程型组织中的管理者，角色成了教练，他们的任务是帮助下属胜任工作，并驱动他们的职业梦想。

第九，组织结构发生变化，从等级制转变为减少层次。在流程型组织中，信息的流转非常通畅，每个人之间都可以直接联系，无论这个人是总经理，还是一线新人。很多的决策和沟通，不需要一层层汇报和请示了。

第十，主管人员发生变化，从记分员转变为领导人。以前，主管主要记录员工的表现，记录在案，年底评分发奖金。流程型组织中的主管，要领导团队，有节奏地协同工作，实现客户价值。而且每个人都有机会成为领导，"自己的地盘自己做主"。

流程和流程再造

以客户为中心的流程，有很多衡量指标，其中一条是让客户容易。让客户容易，对于我们来说，是一件不容易的事情，这是衡量流程质量的一个要素。

很多公司有投诉流程，其实应该叫作"被客户投诉流程"，但是按照实际中的表现，又应该叫作"让客户投诉不成功流程"。因为这个流程往往搞得特别复杂，看起来它的目的，就是让客户不能成功投诉。比如一些公司有客户投诉专线，电话打过去，是录音电话，让你先拨 0，再拨 9，然后拨 1，一不小心拨错了，还得从头再来，特别是那些需要输入卡号和身份证号码的系统，几下以后，客户就不想投诉了。南孚电池做出了一个正面示例。有客户买了南孚电池，发生了漏液。投诉流程是这样的，客户打投诉电话后加了客服微信，在微信上把漏液的电池拍照上传。客服转发给专家看，专家认为是产品出了问题。客服发微信红包200元给客户作为赔偿。客户说："只要赔我两节电池就行。"客服说："赔 200 元，交个朋友。"这件事情的基础是，南孚电池公司在基本价值观上信任员工，员工非常开心，客户很激动，拿到200 元后在朋友圈里宣传，成了忠诚客户。这就叫作让客户容易。改变企业的流程，基于信任，向一线员工授权，减少牵制，让流程跑得快，让客户容易。一旦把客户投诉流程的衡量指标定为"容易"，流程优化的方法就会有很多。

业务流程再造的逻辑

流程再造的逻辑是：重新定义客户、再造业务流程、转型干部和组织。

重新定义客户，是要搞清楚自己的客户是谁，客户的需求是什么。有很多非常赚钱的企业，不清楚自己的客户是谁。曾经有咨询专家问华为，中国移动是一个客户吗？江苏移动和四川移动是两个客户吗？四川移动下面有成都移动，还有绵阳移动，这是几个客户？……问到这里，华为的人懵了，不知道如何回答。到底中国移动是几个客户呢？中国移动是很多客户。南孚电池是流程再造的受益者，通过流程变革，实现了市场占有率超过70%，利润增长40%。变革之前，小区的小店不是南孚的客户，重新定义客户后，这些小店也成了南孚的客户，这些小店老板要接受南孚的培训，农村市场也被渗透了。

南孚公司涉及的流程有三条：经销商开发流程，终端开发流程，消费者开发流程。另外增加的客户还有：家乐福、沃尔玛的总部，家乐福、沃尔玛的分店，进店消费者。南孚公司根据增加的客户量，增加了1000多个进店促销员，这些促销员每天150元的工资，南孚公司完全能承受。

转型干部和组织，首先是定义职位，即重新梳理公司需要的职位。公司臃肿，应该裁员？现实是，增加新职位容易，裁撤老职位难，难在识别哪些职位是应该裁掉的。所以，需要重新全盘定义公司需要的职位。

来看一个案例。某公司有95个职位，改革完毕后剩54个职位，减少了40%，但是人一个都没有裁掉——不是减少40%的人，是减少了40%的职位后，人均效益提升了40%以上。让员工一个人多负点责，多干点活，多一点收入，让这些人发挥更大的效果。这个问题看起来是人力资源的问题，其实是对流程的理解程度的问题。老张奉献了20年，继续干，没什么问题，需要改变的核心是事。转型干部和组织，是重新定义组织和定义管理者的责任，重新定义组织结构。让管理者不要再做控制性管理，而是转变成领导者。

流程改造后，一条龙经理以及一线员工的权力大了很多，有人就会担心：员工出现道德腐败问题怎么办。任何变革都会带来新问题。哈默对此嗤之以鼻，因为道德问题是社会长期的问题，无论流程如何，都会有道德问题。以前的流程机制下，是领导出道德问题，新的流程下员工会出道德问题。这些是局部的问题，对于企业的影响，是可以识别的。建立流程是对领导者最大的保护。不建立流程，最后会形成领导者的个人圈子。领导者的权力大到一定的时候，诱惑是他无法抵抗的。流程把权力关进了笼子，因为一切都透明化了。解决道德问题的方案，本质上不是权力的合理分配，而是信息的透明化。华为是非常干净的企业，也得益于流程在华为的落地。权力被关进笼子里之后，有人不高兴，有人高兴，要放出一条路来，让所有人走上流程型组织之路。对优秀的领导者而言，建立流程是其最基本的使命和责任。

业务流程再造四部曲

哈默说，业务流程再造，是从职位和任务的背后发现流程，通过对企业运作的根本性思考，彻底性地重整现有业务流程，获得巨大的改进收益，最后将企业建设成为流程型组织。很多企业家现在意识到，必须做根本性的变革，因为已经不是局部改善的问题。某汽车企业做流程改革，进行根本性、全方位的变革，向流程型组织转型，把产品开发时间缩短一半以上。为完全拥抱互联网，该公司换掉名字。它还做了混合式结构性改革。梳理完职位，传统的汽车行业职位被压缩40%以上，新能源、AI软件工程师、系统架构工程师这些职位增加20%，全部都是根本性的变化。

根本性变化并不是把公司干掉，而是重新反思商业的本质。彻底性是指敢于对一切制约企业的流程进行改革，甚至颠覆重来。剧烈性就是企业要大改，比如前面说的例子，改善达到50%以上，收入、利润至少提升50%以上。业务流程再造改变了组织，管理者可能会一时无所适从，何去何从也是众说纷纭。对于流程型组织中管理层的定位，也就有了不同的观点：

- 一种观点，以海尔的张瑞敏为代表，认为部门和管理者不需要存在，因为已经形成了一种自生态的网络型组织，员工成了经营者，成了老板，上面的管理者对接工商局就行了。一些企业花了很多时间培养干部，却没想到这些干部成了企业的"隔热层"，影响了信息的上传下达，把"隔热层"去掉，信息传导性就增强了，组织就通畅了。

- 还有一种观点认为，部门有其价值，管理者的第一个价值是，把公司的战略转化为一套可执行的语言，转化为流程，转化为变革，驱动员工去实现战略；管理者的第二个价值是，他是价值观的牵引者，他认同企业文化价值观，也推动员工认同，这是企业文化价值观的建设。

业务流程再造可以分为四个阶段：发起、关注、发明和推行。

第一，发起阶段分为准备项目和启动项目，在准备项目的时候做策划，在启动项目的时候造势。在准备项目阶段，要选择拟再造的流程，组建工作团队和领导小组，确定流程再造的定性目标，确定流程再造项目所涉及的职能范围和流程范围，确定项目计划及项目的交付/验收标准。第一步，先确定流程变革目标，先谈定性目标，注意不是定量目标。定性目标重在提高、加强、改善，如提高企业的产品创新能力，缩短产品开发时间，降低供应链成本等。第二步，描绘出流程涉及的部门和功能。比如，产品规划可能涉及生产工艺或者一些其他流程。第三步，建立流程变革的工作团队和领导小组。工作团队由所有参与者组成，领导小组由公司中高层干部组成，不超过 10 个人，他们是工作团队的汇报对象。

在启动项目的阶段要形成紧迫感，宣讲价值、目标和紧迫性，增强责任感、充分听取群众意见。第一件事情是在准备项目和启动项目的阶段，需要形成紧迫感，一定要防止"温水煮青蛙"。诺基亚没有做出有竞争力的智能手机，是因为没有意识到变革是必需的，认为功能手机还有机会，长尾效应还在，非洲市场还需要功能手机，老人还需要功能手机，所以一再贻误战机，直到最后退出手机市场。第二件事情是在内部广泛宣讲，说清楚为什么要做改革，为什么要确定这个目标，流程变革的意义和方向何在。用愿景、价值观、重大机会和目标来牵引团队跟随变革的方向。在此过程中，高级领导者和顾问专家都要发出声音来告知员工，高举变革的旗帜来引领员工。第三件事情是充分沟通，听取群众意见。可以邀请一些志愿者参与，邀请对流程感兴趣的员工参与。有时候，员工对公司的问题早就进入愤怒的状态，他们最渴望变革，所以企业要深入群众，依靠群众。变革一开始，执行者就需要参与其中，而不是只由一小部分人设计，大部分人被动执行，这样做流程，最终是落不了地的。

第二，流程再造的关注阶段包括描述现状流程、识别现状流程问题、找出问题的根因、利益相关者共识现状流程的问题及根因。关注是指整个组织要开始聚焦——聚焦变革，聚焦现状流程，聚焦变革的策略。整个组织的目光，从原本分散的，到聚焦于到底需要改什么以及怎么改。所以这个阶段也叫聚焦阶段。这个阶段的任务是，认认真真描绘现状，画出现状流程，并指出这个流程的根因到底是什么。企业需要牢记，不是要描绘一个新流程，而是要去描绘一个现状流程。不能直接提供一个新流程，比如借用其他公司的成功流程，因为这些直接拿来的东西跟老流程没区别，换上之后，动作还是老动作，是穿新鞋走老路。

某开关生产企业有个立体仓库，特别大，有很多库存。经询问得知，从下订单到交付需要 2～3 天，生产周期是 1 天，库存周期是 25 天。可笑的是，企业的领导们来视察，这个立体仓库成了最值得炫耀的地方，领导们说干得漂亮……其实开关生产企业内部的人都知道，这个仓库不是必需的。那么疑问来了，为什么会有这么多库存？因为无法满足前端经销商所有的需求，计划和交付的流程混乱，就搞了一个大的库存中心，然后就觉得库存是安全的了。有个总监讲说，公司各种各样的订单全到他那里，根本完成不了。经销商都是跟老板有关系的，满足不了就打电话向老板投诉。这个总监一接电话就紧张，已经有心理疾病了。25 天库存，还是搞不定客户的需求，总监提出了离职，也没有得到挽留。这位总监离开时充满了愤怒、无奈和焦虑，还有遗憾。

某汽车座椅生产企业，由商务专员负责商务报价。商务专员的工作是，销售员谈得差不多了，他来报价。商务专员说，销售员给他任务就是他噩梦的开始。公司搞阿米巴模式经营，有四个车间，各部门都要利润，独立核算报价。因此，以客户为中心变成了以利润为中心。客户需求来了之后，商务专员请四个车间报价，四个车间报价非常慢，因为它们要算很多项目。商务专员求爷爷告奶奶，几天之后拿到报价，一看凉了半截：报价很高，加上商务部门的利润，还得提高一点价格。销售员一看，这么高的价格，没法谈，但还是硬着头皮去沟通。在客户眼里，他的报价就是开玩笑。报价被打回来，商务专员协调几个车间，要求降价，几个车间说降不了。可以理解，这相当于从人家兜里掏钱。各车间说：公司养销售员，就是为搞定客户、解决问题的，否则公司要销售员干什么？商务专员又去跟销售员沟通，循环往复。商务专员被夹在当中，被所有人骂，最后只好辞职。

上面案例中描述的流程现状和问题，不改不行。在这种庞大的组织中，效率如此低下，每个人既是受害者，又是"凶手"。跟组织外的任何人没有关系，必须是组织中的所有人一起行动起来，把大家每天干的事情，每天低效的工作还原出来，原原本本地描绘出现在的真实流程。这就是聚焦现状流程，在这个阶段，要对现状进行分析，跟拍一张 X 光片一样把现状流程"拍"出来。拍完之后，大家才知道问题到底在哪里。"拍片"的方法有很多，以往最常见的是访谈和调研，但这不是最好的方法。根据业务实际情况，画现状流程图会更好，而且要鼓励一线员工一起参与到现状描绘中来，把工作描绘出来，合并后再反馈给所有人，形成现状流程图。接下来，列根因和应对策略，此时要有根因思维。有一个常用的方法——五问，就是连续问五个为什么，打破砂锅问到底。比如说采购成本高，这是表面问题。为什么采购成本高？因为紧急采购。继续问为什么紧急采购？因为时间紧。为什么时间紧呢？因为交付经理没有给提前期。这就是根因思维。

第三，业务流程再造发明阶段，包括：确定流程再造的定量目标、分析流程优化策略、发明新流程和达成新流程执行承诺。

流程优化有 13 个策略和方法：将现状流程的"段到段"转变为端到端流程、建立流程一条龙经理和一条龙团队、删除"废工"、删除流程停滞时间、转变领导审批到知会、增加流程中的增值活动、整合流程中的活动并让员工一专多能、串联流程改为并联流程、信息系统替代人工信息传递、战略导向、客户导向、竞争对手导向、标杆导向。

- 把段到段的流程从头到尾打通，变成面向客户，并确认走完这个流程后，客户能实现价值，这就实现了端到端的流程。在流程中的活动就是具体行为，活动连接起来叫流程。这些活动可以分成三种：增值活动、非增值活动和废工。
- 增值活动。比如，在产品开发的流程中，要增加一个了解客户的动作，这个活动，可以帮助实现产品价值，这就是增值活动。再比如，产品开发中有一个很"烦人"的活动，叫知识产权分析，如果不做，以后迟早会出事，这也是增值活动。增值活动就是让整个流程增值的活动，是最终实现客户价值不能少的。关于增值活动，变革策略是做加法，尽量在流程中增加增值活动。

- 非增值活动。最典型的非增值活动是各种各样的评审以及领导签字把关之类的活动。这种非增值活动应该减少，但不能没有，更不能把审批变成知会。要减少，比如说员工报销需要经 8 个人签字，员工就不想干活了，因为要先垫钱，拿发票报销，产生各种麻烦。如果经 8 个人签字可以改为 2 个，一个是员工的直接上级，确保真实发生，另一个是财务员工，评估合规性，那么就能有效给员工减负，调动员工工作积极性。非增值环节的变革策略，是做减法。

- 废工。废工就是那些完全没有意义的活动，一般是历史原因造成的。对于可能是废工的活动，需要做大胆的决断，要坚决删除。具体来说，找到废工，特别是重复工作的那种，变成一次录入即可。这种变革比较小，删除一些废工活动，减少一些非增值环节，去掉几个领导签字环节，这是变革中最容易实现的。领导自己也觉得签字很麻烦，删除掉几个领导签字后，员工会拍手称快。

- 流程优化还有一种优化策略：把串行的流程结构变成并行。这涉及并行工程在管理上的应用。比如，某流程中有 2 个活动，一个活动 3 天，另一个活动 5 天，这两个活动执行完毕共 8 天，改成并行后共 5 天，省了 3 天。虽然人性喜欢串行，但组织更喜欢并行。在流程结构中，并行一定比串行更好，能够并行的尽量并行，不要用串行。在并行的情况下，研发过程中要考虑生产问题，设计过程中要考虑工艺问题，产品开发过程中要考虑财务问题。这意味着必须共同工作，确保信息共享，一起研究，一起沟通。在流程中会有一些停滞时间，比如签字本来只需 5 分钟，结果在领导那里放了一天，这一天就是停滞时间，要删除，而且要考核，如果停滞时间过长，领导就要接受惩罚。要合理应用信息化工具帮助彻底解决这个问题，比如应用邮件、短信、微信进行提醒。

发明新流程的设计思路是：现状分析、业务策略、客户需求、假设、标杆和设计未来流程。标杆参照物可以是：内部功能的最佳作业方式、竞争对手的最佳作业方式、同业内（含非竞争对手）的最佳作业方式、任何国内公司功能的最佳作业方式和世界级公司功能的最佳作业方式。要搞清楚发明新流程的活动分析和引导，活动的时间、监控、干扰，相关的规则、工具、标准、模板和人员，输入和输入的内容。发明新流程的业务流程是一层层展开的，从公司框架，到业务模型，再到业务流程，最后到工作模板、规范和标准。业务流程又可以分层为主流程、一级主流程和二级主流程。在发明新流程的过程中，IT 系统的应用拓展了流程改进的时间，推动了管理。IT 改变了沟通方式、组织内部权力分配、组织结构、管理幅度。

业务流程再造的推行，包括排除变革过程中的阻力、正确应对变革过程中的短期绩效下降、管理变革过程。项目组需要识别新流程推行过程中的阻力，制定相应的推行策略和推行计划，要明白变革管理是推行阶段的主题，业务流程再造的推行责任主体在客户方，顾问团队负责指导。

变革过程中常见的阻力有：

- 员工抵制
- 不适宜的文化
- 糟糕的沟通 / 计划
- 不完备的后续工作
- 管理者缺乏认同
- 不充足的技能
- 变革甚至还会带来组织绩效短暂的下降

为了应对这些流程变革中的阻力，在推行新流程落地的过程中，需要关注：

- 推行流程
- 建制组织并推行
- 建立信息系统
- 沟通和培训
- 设计新角色时建立资源地
- 并行开展流程管理

华为在流程推行阶段有一个原则，或者说是一个经验，叫作"先僵化，再优化，再固化"。卓越组织非常注重"飞轮效应"，轮子很大时很难推动，很多人推轮子，可能推了一天，轮子只转了半圈；继续推动，轮子一天转一圈，一天转两圈，最后轮子飞速转起来。组织变革的推动，就是这样一个渐进加速的过程。

业务流程再造案例：美丽田园

美丽田园是中国大城市里的高端 SPA 企业，成立于 1993 年，只服务于女性，拥有 150 家门店，市值 15 亿元。在发展 20 多年后，它遇到了发展瓶颈，并通过管理变革和业务流程再造，破茧重生，达到新高度。2015 年开始，公司发现有不少以前在美丽田园买卡充值消费 SPA 的客户，卡里的钱没用完，也不去享受服务了。有一位顾客说："这个公司陪了我好多年，其实挺有感情的。我每年花不少钱在脸上和按摩上。后来美丽田园只想赚客户的钱，催着我把卡里的钱赶紧用完，继续充值，而且不依不饶。我躺在床上休息，一个销售员硬生生来把我搞醒了，推销项目。我非常生气，要退卡里的几千元钱。美丽田园说钱退不了。那就算了，我不要钱了，直接走人。"

美丽田园的创始人希望美丽田园公司能给女性带来

美丽，所以公司名字叫美丽田园。公司管理层座谈时，讲到以客户为中心，一位高管说："我们是赚了很多钱，但是把客户搞丢了，价值观也搞坏了。客户越来越不满意，新客户越来越少，老客户流失速度越来越快，很多客户卡里有很多钱，但不来了，说钱烂掉也不来。"说到这里，有一个人就哭了起来。公司女性领导比较多，一个跟着一个哭起来，那天的会场哭声一片。董事长和总裁是男的。总裁虽然没哭，但眼泪几乎要掉出来。大家为什么哭？是因为觉得这份事业越做越没意义。

变革从流泪开始。第一步，通过强大的服务流程改革，删减众多错误的销售场景，在必要的地方做销售，只在最前端做销售，销售完成之后，只有服务，在门店里面不许做销售，只允许给客户通过服务带来价值。美丽田园的专家开发了从门店开始到服务完毕的端到端流程，超过近150多个动作被研发出来，是完整的流程，号称"变态服务流程"。比如，客户去洗澡。客户洗完澡，一定有人将一双鞋子送到客户脚上，不是搁在地上，是给送到脚上。客户躺下来后，一定有人矫正枕头，有人在客户的下膝盖窝下垫上枕头……所有这一切，由包含150多个活动的流程来控制，确保客户在三个小时中，享受到最"变态"的服务。销售只会出现在这样的场景中：享受服务真正完毕之后，客户说"卡里的钱用完了，我想再续卡"，这时候销售可以出现，别的时候销售不许出现，尤其是不许逼客户买卡。只能做一个动作，就是服务，让客户满意，客户满意了，就会带来更多的新客户……

公司在上海的一个门店，前台小姑娘小张的职责是接电话。小张每天好好干活，但没什么激情。客户打来电话，希望预约 18 点来洗脸。客户很忙，只有两小时空闲时间，20 点要结束，没时间等，这是客户需求。小张的回复一般是："你放心，没问题，你来就是了。"实际上客户来了之后，十有八九都被迫等待。客户等得发脾气，小张只能赔笑脸，宾主都不开心。问题就在于服务没有流程化。流程改造后，首先把小张的岗位名称改了，从前台改为客户经理。小张感受到巨大的激励，在门店，她的地位从倒数第二，变成了顺数第二，因为接触客户的人地位高。现在，场景是这样的了：客户说希望预约 18 点到店，小张说稍等，10 分钟内回复你。小张立刻去协调技师、设备和房间，然后电话回复客户 18 点 10 分确保准点开始。小张的岗位职责，由接电话变成了做协调管理，目标是保证客户满意。小张的潜能被释放出来了，客户满意度也提高了。后来这个店的销售额提升了，生意越来越好。

小张还讲了两个小故事：有个客户迷路了，小张说我穿白大褂去接你，谁知客户的朋友也在，就一路走一路聊。客户朋友觉得美丽田园的价值观不错，于是办了会员卡。以前，前台是不会做这些事情的。另一个故事是，有一天来了一个人，他本来去竞争对手的门店，谁知走错了，走到美丽田园这个店。小张说："我们这里有中国最好的女性 SPA 服务，您可以免费体验一次。"客人享受服务后，也买了卡。在以前，前台是没有权力免单的。

柯林斯在研究全球标杆企业后，得出一个结论：卓越企业和一般企业最大的区别就在于，卓越企业的基层员工充满活力，而一般企业只有老板充满活力。授权、赋能是停留在口号上，还是真正落到实处？授权和赋能不要仅仅停留在老板的价值观里，要通过流程落到员工的行为上，激发出员工的激情。美丽田园流程再造的最大成功之处是，帮助几百名员工找到了他们人生和工作的价值。

企业家需要放弃只在"蓝海"中打仗的幻想，相信《兄弟连》中的一句台词：我们（伞兵）天生就是被包围的。企业家不要迷信自己的个人魅力，相信自己一次精彩的演讲就能激励团队超过市场平均水平的付出。团队需要的是解决问题，是胜利。要解决问题，可建立流程，把权力分出去。要高效解决问题，建立流程型组织，让组织自己进化，解决不断出现的问题。

把正三角的组织结构，变成倒三角的组织结构，让流程决定组织，以及从"领导为中心"变为"以客户为中心"，需要智慧，需要勇气，因为流程再造不是隔靴搔痒，而是洗心革面。一旦流程再造成功，企业和所有员工就会受益。

卓越的企业，通过流程型组织让一线员工始终充满激情和斗志。

华为的流程

华为建立的是以客户为中心的流程型组织。这里有三个关键词：以客户为中心、流程、组织。华为流程型组织的管理行为，是对这三个概念的演绎。

以客户为中心，意即为客户创造价值。为客户创造价值是指，在走完某个流程后，企业帮客户实现了目标，让客户赚了更多钱，或者帮客户省了更多钱。客户成功了，企业才能成功。员工在企业中会迷失，常见的是，不知不觉就以自己为中心了，因为这是本能，流程的意义就在于逆着这个本能，指向客户。流程走完后，才是指向企业自己的时候，否则意味着要么这个流程不完整，要么这个流程错了，没有解决客户的问题。企业内部在讨论流程优化的时候，经常会出现，各个部门以自己为中心，表面上帮助其他部门改善流程，实际上是"让自己爽"，这样的流程优化注定会失败。

　　企业管理包含诸多要素，如战略、文化、组织结构等，其中只有流程直接指向客户价值。流程是企业内外部结合的价值链，它实现价值的流转，最终呈现为客户价值。人力资源管理的流程经常被人诟病，因为它不指向客户价值，而是指向员工价值，它成功了会让员工高兴，但不表示它能实现客户价值。

　　华为致力于建立端到端的流程，它也是在不断的失败中积累起经验的。华为也有由于流程的细节没有管理好而导致全盘溃败的例子。华为某款旗舰手机，因为采购和市场流程没有很好衔接，导致客户投诉和不满，给品牌声誉带来很大损失。这款手机需要一种业界领先的闪存。采购人员去找供应商，供应商答复说这款闪存库存不足，但另外两款闪存有充足库存，性能差不多，价格还能便宜点。采购买回来三种闪存之后，没按流程跟市场部沟通，市场部人员并不知道这款机型使用了三种技术不同的闪存，营销部门开始按照原来的规划做产品广告。第一批消费者是华为的竞争对手，他们将手机买回去后就开始拆解并分析，发现华为欺骗消费者，闪存型号不对，并将此事公之于众。这款产品及整个华为品牌形象因此受到巨大的损失。

　　华为的流程再造，也是一个批判与自我批判的过程。图 2-1 概要展示了华为的三条业务流。

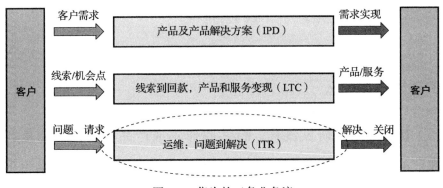

图 2-1　华为的三条业务流

企业无论大小，都存在三条业务流：

第一条业务流：产品及其解决方案形成过程。无论是自己开发还是外购，产品及其解决方案从概念到上市的过程，这是公司的价值创造流程。

第二条业务流：产品及其解决方案变现过程，即找到客户、形成订单，发货、安装、验收、回款，这是公司的价值变现流程。

第三条业务流：产品运维，即产品问题 / 客户需求得到解决的过程，是提高客户满意度的必要流程，也是产品不断改进和更新换代的源泉之一。

这三条业务流始于客户，也终于客户，都是围绕客户的需求运作并满足其需求的过程。这三条业务流贯穿企业的业务过程和组织，需要有端到端的流程——IPD、LTC 和 ITR 的支撑。除此之外，业务流要有相应的组织去适配，要有 IT 系统去承载和固化流程，很多时候还要匹配客户的业务流程。

IPD 流程

IPD 流程是什么

IPD 是产品研发流程，行话叫作集成产品研发，目标是实现产品从 0 到 1，即产品的从无到有。狭义的 IPD 流程，也叫小 IPD，由研发部门独自负责，在相对静止的市场中满足企业需求。当技术更新快、市场变化快的时候，就需要大 IPD 了，即把整个公司从战略、客户需求到产品上市、生命周期等管理功能整合起来，解决产品端到端的全流程问题。

小 IPD 是研发部门按照概念、计划、开发、验证和发布几个阶段依次进行新产品的研发，然后投入市场。基本上所有卖产品的企业都需要做这些工作。

从小 IPD 升级到完整的大 IPD，需要增加两个相互拧合的输入，一个是向下的产品战略规划，另一个就是向上的市场客户需求，这样可以保证做正确的事情。一些企业缺少这两个输入，产品研发由个别人拍脑袋定，或者根据客户的要求定。做了一段时间后，发现研发的产品接不上战略目标，或者不能满足客户的需求。

在 IPD 中最关键的就是客户需求管理。特别是整个公司级需求管理。要做到有主有次、疏而不漏，需要对需求进行分层管理，也就是将战略需求、中期需求、产品包需求和紧急需求，输入到不同模块，按重要性和紧急程度分类。在大 IPD 中还有各功能领域的使能流程，以公司整体能力支撑产品研发，保证产品顺利量产和上市。例如，把营销流程、新产品制造导入流程、新产品采购配合流程放入 IPD 流程框架当中（见图 2-2），当作支撑流程来看。如果将产品运营上升到公司层面，那么所有的功能部门都将挂在 IPD 流程下面，为产品成功服务。需求输入结束后，接下来做产品战略规划，开发出产品目标和技术目标，明确主要客户是谁，要做什么产品，产品主要实现什么客户价值，价值主张是什么……这是产品战略解码的过程。产品目标规划完成后，要做产品包技术分析，包括第一年实现什么，第二年实现什么，技术平台如何做，产品特性分层管理，将整个产品框架搭建起来。之后进行正式产品立项；立项通过后开始产品开发流程，开发出来后，进行产品生命周期管理，包括上市、盈利、退市等。这是整个端到端的流程，从客户需求出发，到产品客户交付，围绕着客户的满意度不断跟进，反复迭代，反复验证战略是不是可行，决策是否需要调整规划。整个流程的最终目的，是不断满足客户需求，不断提高客户满意度。

　　华为进入的电信市场是一个客户市场需求不断改变的竞争领域。华为采用端到端的价值创造（IPD）流程，获得很大成功，从名不见经传的小公司成长为世界领先的电信设备供应商。IPD 流程的关键因素有：第一，把产品当作投资管理，解决研发产品赚不赚钱这个黑箱的问题；第二，市场驱动产品开发，解决开发的

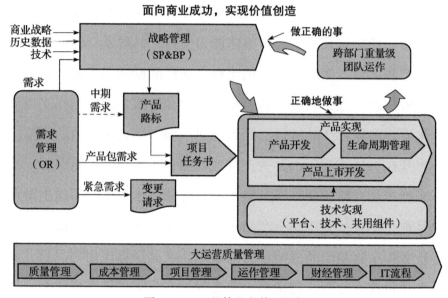

图 2-2　IPD 整体业务管理框架

产品无法有效命中客户需求的问题；第三，快速高效地推出产品，解决上市周期的瓶颈问题；第四，在产品研发阶段构筑质量和成本优势，消除只在供应链做成本控制的成本管理盲区。

华为的核心竞争力是产品

华为认为，华为商业成功的核心竞争力是优秀的产品。

华为最初是代理公司，那时候它的核心竞争力是人，靠人做最好的服务，甚至提供免费的服务，来与其他对手竞争。华为进入自主研发产品发展新阶段后，迅速地将重心转到产品开发上面来。根据《重新定义公司》的描述，谷歌的创始人和 CEO 会随时参与到关于产品的讨论中。这就是 IPD 的理念，也就是说，公司做出有竞争力的产品，是全公司最重要的事情。

创造客户价值的，归根结底还是产品，这是 IPD 的基础。企业的技术和市场是为产品成功服务的，好的产品才是企业制胜的法宝。

先有战略执行力，再有战略

华为是出于什么原因，率先选择 IPD 作为引入变革的流程？身处变革之中的人，多年以后回想起来，深深体会到 IPD 在华为发展历史中的地位，也为任正非顶层思考的智慧所折服。

一个人病了，只要还能吃得下饭，身体就基本上没有大问题。IPD 也一样，它能"吃进"市场机会，"消化"产出在市场上有高竞争力的产品。如果企业是一个人体，IPD 就是消化系统。一些公司老总说："我看到了机会，但就是没抓住。"当初华为在准备迅速壮大的时候，任正非选择先把"消化系统"打扎实，只要能吃，企业就能活下去，其他的都好说。一些企业学习华为，首先想到的是学战略规划流程，认为自己的短板是战略。其实在华为，战略规划流程是后于 IPD 引入的。随着华为成长为行业领导者，站在业界的前沿，寻找正确的方向就显得尤为重要，这时候战略规划的重要性开始凸显出来，所以引入了战略规划流程。也就是说，没有开发出一流产品的能力，不要过多讲战略。IPD 流程构建成功，公司能在规定的时间内，做出质量成本最优的东西。有了这样的基础，战略才能具备必胜的能力。先有战略的执行力，再有战略，这才是正确的逻辑。

华为初创时的情况，跟目前很多公司面临的情况一样：知道需要做什么东西，关键是能不能做出来，能不能在规定的时间内高质量地做出客户想要的东西。在这种情况下，企业首先需要具备的，是一个所谓"战之能胜"的能力。IPD 有多个板块，是一个相互关联的有机整体。

肩并肩面向客户，第一时间集成

IPD 的核心理念是集成。首先是整体的集成，整个公司所有功能部门一起整合进来，大家都是主人，不要抱着事不关己的态度进来。一开始就要达成共识：做产品不只是开发部的事情，需要所有人一起做产品，一起献计献策、各司其职，需要全公司各个部门为了提高产品竞争力而努力。原来的模式下，市场和服务部门对产品也有贡献，但是他们内心还是认为产品是研发部开发出来的，用事不关己的眼光来看产品。IPD 的理念是，让大家都认识到产品的成功离不开大家的努力，每个人对产品都要有重要贡献，要用集体的智慧，把好产品打造出来。在这样的认知之下，员工做事、说话的出发点和心态立马就不一样了。一件事情，如果尽早引入利益相关方，这些人会变成建设者，如果后期引入他们，他们会成为批判者或者领导。

在 IPD 之下，大家就"集体向右转"，从各自为政地面对客户，变成集体面向客户。一般来说，销售和市场离客户最近，但这个仅仅是物理空间上的最近。不能因为制造部门的人不见客户，就认为他们离客户远。在 IPD 的运作框架下，所有人在心理上都是直面客户。在没有 IPD 流程之前，以客户为中心可能是一个口号。即使大家很想以客户为中心，但是公司没有一个规则，没有一个体系可供去实现共同面对客户这个目标。即使战略上说要以客户为中心，或者价值观上以客户为中心，但是没有 IPD 这样一个流程或一个场景的话，最终也很难让这个理念或者战略得到执行。

IPD 提供了第一时间的集成和日常的集成。

IPD 是"一线呼唤炮火"的基础

任正非说，"要让一线指挥炮火"。一个重要的前提是，要有一种自信：一线想要的炮火，后方都可以造出来。如果一线要一堆炮火，后方造不出来，或者说不能在规定的时间造出来，"一线指挥炮火"就没任何意义。这是一个最核心的基础，IPD 让华为有了这个基础和自信。而且，正因为 IPD 把销售一线和其他部门第一时间集成到流程里面了，一线的整体能力强了，它知道怎么去呼唤炮火，也知道呼唤什么样的炮火最有价值。IPD 让一线和后方双方都变强了。所以，"一线呼唤炮火"不是一个空泛的理念，而是一个建立在后方有很强大的 IPD 流程支撑的研发之上的标准动作。

IPD 流程僵化、固化和优化

IPD 虽然是企业竞争力的基础，但它是个集成的概念，要求全公司每个环节配合，所以 IPD 落地难度也不小，因为不同部门的能力是参差不齐的，不一定一开始都能接得住 IPD。在华为，任正非提出"削足适履"，即使很多人不适应，也强行要求适应，长期不适应的人被淘汰，这是 IPD 流程落地的第一个阶段——僵化阶段。很多流程再造和变革死在了这个阶段，因为企业没有控制住旧势力反弹，要么让 IPD 流于形式，要么半途而废。

第一个流程再造的阶段，如果出现旧势力反弹，新的 IPD 无法运转，可能是因为企业只学了形式，只学了纸面上的流程。此时需要向成功的公司学习"僵化"，去想如何解决各个环节的挑战，由此形成适应性的调整，特别是会驱动一些公众领域的流程改变。这样的话，就会产生一些可以固化的东西，于是进入到固化阶段。IPD 流程再造在华为的表现是，逐渐有些产品的交付越来越好，为华为带来更多的利润，公司有更多空间去做 IPD 建设，大家也越来越信任 IPD。

IPD 是基础，也是硬核，是整个企业的牵引。IPD 不停转动，会带动其他流程，这就进入优化阶段了。IPD 让企业基础的"消化能力"得到提升，能够把客户需求和市场机会"消化"为高质低价的产品，有竞争力的产品越来越多。此时，供应链面临巨大挑战。于是，华为开启了集成供应链（ISC）流程的再造。如果把华为的上述这些流程全部组合成一个大流程的话，IPD 应该是大流程的开端。

　　IPD 再造的过程，是一个良性互动，也是逐步释放一线潜能的过程，这也是优化阶段的特征。比方说企业一线和总部的矛盾，从哲学层面来理解，该矛盾是驱动企业发展的动力。但当企业内力弱的时候，这就是一个负向的矛盾。当流程固化各个工作领域后，随着 IPD 的运转，不断进行调整磨合，内部变强大，就具备进入优化阶段的基础了。华为的每个区域有自己的特点，有不同的现实问题，或者对产品竞争力有不同的需求，需要随机应变。对于卖通用产品的人来讲，华为的 IPD 变革带来了什么呢？有的客户说华为的销售能力在变弱。其实，对 IPD 流程再造而言，华为平台强大，产品足够好，销售不需要依靠关系和营销花招，因而显得销售能力变弱了。

　　华为一线的销售人员在更高层次上构建了竞争力，而且是综合竞争力，是一线呼唤炮火的竞争力。从僵化到固化再优化的过程，是一个从否定到否定之否定的过程。流程是赋能一线的，是授权的工作模式，但是在最开始的时候，新的东西对一线的人来说是一种束缚。随着慢慢落实推进，一线的力量变得越来越强大。

IPD 流程的"自我批判"

　　高质量的 IPD 流程的表现是：实现能力，"一袋面粉"（战略、需求）进去，能保质保量按期产出优秀的产品。IPD 流程能实现这个目标，靠的不是静态的改造，而是不断的"自我批判"。IPD是一个不断进化和演化的顶层理念框架，并不是静态的，它是一个不断满足客户需求的过程。如同任正非提及的"自我批判"，IPD也有"自我批判"和自我改进的能力。管理上叫批评与自我批评，是个哲学理念，但是它最终也要融入日常的业务内容。作为业务内容来说，IPD是一个端到端的集成运作机制，依靠一个重量级团队来运作，团队的运作，代表了各方面的利益，有投资效益的目标追求。华为的生产供应链管控是业界的标杆，驱动力来自IPD各个环节的日常运作，这种驱动力使企业不断自我改进。

一个IPD流程下的产品开发项目，首先有明确的投资效益目标。产品开发完成上市之后，要不断定期检讨有没有达到预期目标；如果没达到预期目标，原因是什么。比如，检讨发现，原先的市场预期太保守，导致生产供应链的准备不够。IPD会不断驱动前端的市场洞察变得更加准确。

LTC 流程

华为的IPD变革，从1999年正式开始到2003年结束，总共做了5年。任正非说过，华为最急需变革的是营销体系，或者说客户体系，因为这是打单和赚钱的。但华为没敢先动营销体系，这是因为这样做给客户带来的影响太大，可能影响到打单和赚钱，于是先实施了 IPD，夯实了基础。但是，营销体系的变革一直是任正非心里的要事。IPD 变革的成功向供应链体系提出了新的需求。为匹配 IPD 流程下的产品开发的需要，华为紧接着推行了 ISC 以及战略、财经等一系列内部流程再造。到 2007 年，华为的销售额达到了 1000 亿元人民币，进行营销流程的变革和再造，迎来了最合适的时机。

华为 LTC 流程变革进行了 10 年。到 2017 年 8 月，变革项目关闭。华为的 EMT 总结认为：LTC 变革发明了交易通，把整个交易系统打通了。

LTC 流程构建史

LTC 流程变革之初，华为重点关注的是运营商市场，还没有所谓的三个 BG，没有终端、企业，主要还是运营商，大概占总销售额的 2/3 以上。

胡厚崑是华为营销销售与服务部领导人，他提出要做营销变革。变革名称最初不叫 LTC 线索到回款，叫 CRM，因为行业通用的叫法是 CRM，中文意思是客户关系管理。华为主要做 to B 业务，客户关系很重要。

胡厚崑说："那个时候进行 LTC 变革相当于，华为是一列高速行驶的列车，业务在飞速发展，此时要更换车的轮子，也就是说业务还要高速发展，但是变革也要做。因为如果整个营销体系不做变革，很难满足公司的需要。华为在 LTC 变革之前，像绝大多数公司一样，有拿单的营销技巧，但是没有成系统的营销体系流程。"

华为在 2007 年先做了一个 CRM 规划，厘清整个营销体系，搞清楚在能力提升和变革里面，到底要抓哪一部分。通过梳理发现，CRM 里面最核心的是 LTC。

华为的管理方法是大道至简，不搞太复杂的东西，只注重企业经营管理中最本质的东西。华为发现，CRM 最核心的是 LTC 线索到回款。华为当时的理念是，华为所有的业务，以客户为中心，本质上来看，最核心的有两块：一块是根据客户的需求做出好产品，这个靠 IPD 集成产品开发解决了；另一块是找到合适的客户，把做出的产品交给客户，为客户创造价值，这个靠 LTC 解决。由此，华为公司开始淡化 CRM，强化 LTC，用 LTC 提升整个营销领域的能力。

华为的业务流程架构分三块。第一块是经营流程，即 IPD 和 LTC。第二块是使能流程，它为业务流程提供提升能力支持，战略就在使能流程里面。第三块是支持流程，它包括财经、人力资源流程。LTC 把整个营销能力提升起来了，然后又上升到整个公司，放到端到端的业务里面去了。

2008 年华为开始启动 LTC 流程变革，先做了第一期，叫 Blueprint（蓝图），把整个 LTC 的业务架构搭出来。现在所看到的 LTC 整体框架，就是蓝图，再到后面就进一步划分为几个基本业务流，在华为内部称作 S0 到 S5，共 6 个业务领域。S0 代指的就是 LTC 的整个蓝图架构，在它下面又产生其他的几个业务流，比如管理客户的解决方案、合同生命周期管理以及配置打通。这些都针对华为具体的业务问题，非常深入地去解决。它实际上相当于流程架构下一个深入的细化流程。整个 LTC 是一个大的项目群，在这个项目群下面分成了子项目，这些子项目在这个项目群的下面去做细化，针对华为非常具体的业务去做细化。比如，合同生命周期管理，就包括合同结构是什么样的，怎么去注册，怎么去做合同变更等，非常具体。

2008 ～ 2010 年是 LTC 变革的蓝图阶段。S1 到 S5 这些业务，一直进行到 2017 年 8 月整个 LTC 变革关闭为止。关闭后，相应流程交给业务部门去正常地运营维护。

在进行 LTC 变革期间，华为已经在筹划成立三个 BG。所以说，LTC 变革实际上是以运营商市场为例，聚焦于这个客户群。华为最初考虑把 LTC 移植到其他 BG。运营商市场是直销，LTC 首先就要带着企业 BG。企业 BG 曾派了一位潘总一起学习 LTC。运营商隶属电信行业数量有限，所以华为采用直销方式。面对其他行业的客户，企业 BG 增加了分销渠道。企业 BG 的 LTC 只是多了渠道管理，要发展代理商和经销商。代理商和经销商也是销售渠道，对华为而言，相当于多了一批外部客户经理。

华为当时的 LTC 变革，也带上了终端。但对终端的变革方法完全不一样。这不仅是渠道的问题，还因为终端是 to C 业务。

电子消费品的特点是重销售，轻交付和维护。电子消费品卖出之后，发货完毕，没有交付环节，产品发生了什么问题，售后服务就可以解决。终端不同于运营商，它更注重产品的品牌和生态。品牌可吸引用户，生态的作用是客户买了产品后，还会买各种各样的应用软件。华为在做 LTC 变革的时候，同时考虑了几个行业市场和消费者市场，虽然一开始它以运营商市场为主做变革。

LTC 变革项目启动的时候，华为的管理层对 LTC 有一个定位，即 LTC 是公司的两大核心业务之一，它承载了公司绝大部分的资金流，绝大部分的实物物流，还有绝大部分的人流。

有个关键时间点，大概是 2010 年的 5 月，LTC 的核心思想确立之后，胡厚崑终于敢去向任正非汇报。汇报 PPT 总共有 11 页，胡厚崑汇报了 2 页 PPT 后，任正非就满意了。

任正非满意的 2 页 PPT，第 1 页是 LTC 流程的集成视图（见图 2-3），第 2 页是铁三角。任正非的原话是："一线呼唤炮火，LTC 这样干是对的。"一线呼唤炮火，流程以销售为龙头，组织以铁三角为龙头。

LTC 流程在华为获得成功，得益于华为"中体西用"，即真正把西方的东西取其精华使用后的结果。

任正非说，要抓住主要矛盾和矛盾的主要方面。LTC 的建设固然要看整体的 CRM 体系，但 CRM 有 50 多个能力，如果 50 多个能力都做就太庞大了，很难发挥作用。华为从 50 多个能力中选了最核心的 28 个，预计能解决 80% 的问题。这就是最核心、最主要的矛盾。然后华为把主要矛盾 LTC 上升成公司的营销领域的主业务流。

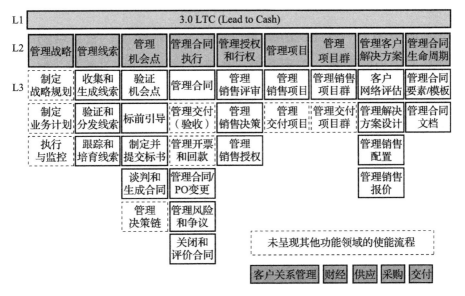

图 2-3　华为的 LTC 3.0

铁三角包括客户经理、产品／服务解决方案经理、交付管理和订单履行经理。

在华为苏丹分公司，LTC 变革项目组把铁三角变为三个角色，成为引领整个组织的龙头。也就是说，整个分公司为这个铁三角服务；不是为三个人服务，而是为这三个角色服务。三个角色可以是一个人，可以是两个人，可以是四个人，也可以是五个人，但事情还是由这三个角色干。三个人是牵引不动后方的，三个角色牵引后方一大堆角色，三个人是对组织的，三个角色是对业务流程的。

LTC 为的是合同获取和履行。LTC 是要跟客户签合同，达成交易，也叫合同获取。然后是合同履行，即按照合同给客户交付产品。

订单中有一个 PO 的概念，是交付的颗粒度，它比合同小。国际上华为经常签一个大合同，各分公司按照 PO 去履行，PO 订单就小了。无线基站的交付就是一例。几个基站形成一个集群，按集群交付，按集群验收。但是如果按 PO 收回款，一个 PO 可能有 10 个集群，只要 10 个集群里面有一个集群的一个基站，没有交付，就开不了票，收不到款。这个问题要通过 LTC 来解决。通过 LTC 把两边变得一致，交付和开票一致。交付的时候，就考虑开票和回款。

采用 LTC 之前，华为各地的财报很难做到统一，合并财务报表要做很多调整，且容易出错，因为财务不了解业务实际情况。

比如货发出去了，会计上就开始确认收入。但是货虽发了，实际上还在华为当地子公司仓库里，还没有到达客户的仓库。

华为通过 LTC 来解决这个问题，定义收入原则。货交给了客户，只是物权发生了转移，即使客户签字验收了，还没有交付，也不能确认收入，因为产品风险还没有转移给客户。在 LTC 打通之后，IFS 变革顺利进行。

LTC 流程的核心理念

开始推行 LTC 变革的时候，华为只有西方 CRM 的概念，没有 LTC 理念。华为南太平洋地区时任副总裁刘江峰问："IPD 流程变革，IBM 明确说是'异步开发，异步并行'，LTC 的理念是什么？"没人能回答。2009 年四五月，埃森哲项目经理 Henric 为华为提出著名的"让一线呼唤炮火"理念，它牵引着公司后方所有的机关、部门支持一线作战。

ITR 流程

客户采购了产品，在使用中遇到问题，提出了服务需求，这时候客户最怕的是解决问题的过程失去控制。

ITR 流程是什么

企业提供售后服务时有一个流程。比如企业设有客服中心，比较被动地接受客户的一些投诉或者咨询，它的功能比较单一。但是对于一个 B2B 企业，尤其是高科技企业来讲，只有售后服务是不够的。

比如，一个生产机器人的甲企业，卖出机器人给乙企业后，乙企业需要甲企业派人去现场调测，可能后续还需要运维上的帮助。如果机器人发生问题，乙企业肯定希望问题马上得到解决，或者说从根本上得到解决。甲企业有一些产品运维的基本流程，但是它的流程是断的。也就是说，当甲企业把机器人交付给乙企业后，会比较被动地去接收乙企业的反馈。客服人员接到客户反馈以后，可能会记录到工作日志里面并按流程进一步反馈给同事，但是当他反馈了以后，客户反馈很有可能就没人管了。也可能甲企业的张三去乙企业做服务、维护的时候，没有很好地完成任务，或者是张三能力不足以完成的时候，他很难找到一个固定的渠道获得帮助，比如说获得研发部门的支持，或者获得更高级师傅的指导。甲企业的关键问题是，它的流程是断裂的。

如图 2-4 所示，ITR 流程的构建，首先要把流程及整个交互定义清楚。ITR 之外的两条业务流程分别是 IPD 和 LTC，ITR 需要与它们建立互动。比如，机器人卖出去以后，发现客户对这个机器人有了新的需求，ITR 会将这些信息反馈 LTC，LTC 包括交付的流程，销售人员会因此发现一些新的商机。ITR 也会将这些信息反馈到 IPD 中去，研发人员就会知道一个相对必要的机器人功能，并进行相应的改进。IPD、LTC 和 ITR 这三条流程是互动的，因此在学习华为的业务流程时，要将这三条流程结合起来。

ITR 主流程依次是受理、处理和关闭。受理包括注册、鉴权和派单。处理包括技术校验、信息请求、案例查询、故障定位、方案准备和方案交付。关闭包括完成服务、双发互动和请求关闭。在注册环节 ITR 与 OA 交互信息，在派单环节 ITR 与 LTC 交互机会点，在技术校验环节 ITR 与 OA 交互信息，在案例查询环节 ITR 与 LTC 交互机会点，在故障定位环节 ITR 与 ISC 交互

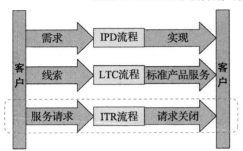

图 2-4　ITR 是不可或缺的公司一级流程

物料需求，在方案交付环节 ITR 与 IPD 交互产品问题，在双方互动环节 ITR 与 LTC 交互服务交付件。流程之间的交互打通以后，ITR 会通过 OA 寻找到需要的信息，如合同信息、过往的问题、清单等，发现机会点就交互给 LTC，发现产品问题就交互给IPD，需要物料就去找 ISC 供应链。

　　ITR 流程构建，要从组织上设置三条分为三级的维护线。第一级一线体系，是直接和客户打交道的工程师这条线，当他发现某个问题仅仅靠自己不能解决时，问题就会上升到二级；第二级二线体系，通常是更高级的工程师，二线可以在后面支持一线解决问题；如果二线体系还不能够解决，问题就会上升到研发体系，交给研发部，让研发工程师来解决问题。所以，售后服务应该叫作售后服务体系。ITR 的一线、二线、三线体系是一个虚拟的组织，它通过 ITR 流程把不同部门的人联结起来。如果是相对比较简单的问题，一线工程师就可以解决。如果问题比较难，可能要高水平的工程师来解决。如果再难一点，可能就不仅仅是解决问题了，要从研发的角度来进行一些根本性的调整了。这是ITR 流程变革在组织上的匹配，也是流程决定组织的体现。

一个流程的变革，不仅需要改变流程本身，还需要改变组织结构、管理模式、IT 系统等。即使是很好的流程，它自己不可能自动流动，因此必须要有管理模式的匹配，推动落地执行，才能使得业务线、业务流开始流动。

华为于 2011 年开始进行 ITR 流程再造。在这之前，华为也有售后服务流程，只是不叫 ITR。也就是说，华为 2011 年之前的售后服务流程，不是端到端的流程，流程之间也没有打通。所以，那时华为的售后服务更多是在技术服务层面，与研发和营销无关。客服人员遇到解决不了的问题，需要请研发部门介入处理，只能通过非常规的渠道，比如打电话、发邮件等，甚至靠个人的主动沟通来推动解决。

相对 LTC 和 IPD 流程来说，华为 ITR 流程的建设，遇到的阻力没有那么大。ITR 流程建设的唯一障碍是 ITR 和研发部门之间的磨合，关键点是如何调动研发部门的力量。研发部门有其自己的 KPI，比如问题的出现率和解决率。如果通过 ITR 流程提交到研发部门的问题太多，研发部门的 KPI 就会受到影响。所以 ITR 流程在运作的初期，遇到很多摩擦，不过最终变顺畅了。任正非提出过灰度管理，如强化问题的解决率，减少重大问题出现率，只要不是瘫机，一些指标可以弱化，就是说不要把责任划得那么清。比如，新设备在交付初期一定会有很多的问题，这些问题有很多不是一线工程师能够解决的。一线工程师可能会不断将问题升级到二线。如果是系统性的问题，二线工程师也无法解决，就要再升级到研发部门。这种情况太多的话，研发部门会受不了，因为是系统性的问题，而研发部门有设备稳定性的指标考核。研发部门会说："我给你解决，但不要报上来了，在系统中不要出现，以免影响我的 KPI。"

但对于一线工程师来说，如果不报，到时候真的出了问题，就得自己负责……ITR 流程组织通过一些联席会议，讨论怎么样保证这种问题能够及时解决，又不影响研发部门的一些关键指标。华为梳理出是哪些关键指标在什么情况下被影响，占比是多少，并分级。于是，ITR 流程和系统能够运行下去，但不太影响研发人员的 KPI。华为通过灰度管理，找到一个合适的度，也就是一个平衡点，避免了相互推诿和甩锅。

如何构建 ITR 流程

医药公司销售代表向医生讲解如何正确使用本公司的产品时，会在合规范围内为医生和医院提供一些售后服务，如为医院做一些学术教育活动，提升医院医生或者药师的业务水平。但医院和医生经常会说，他们被提供的这些服务，跟他们的需求是错配的。医药公司的一线销售人员就会抱怨合规规定，抱怨公司不够灵活。真是这样吗？其实是需要构建端到端的服务流程。

ITR 流程（见图 2-5）包括三大模块，第一个是管理技术服务请求，第二个是管理备件，第三个是各种相关的使能流程，包括紧急恢复流程、技术方案实施流程、第三方问题处理流程和管理升级流程。ITR 的核心是管理技术服务请求。ITR 并不是被动地接受医院或医生的投诉后才去给医院进行培训。医院客户的请求有两类，一类是出现了问题需要解决，如医院发现有一批药有问题，投诉；另一类是请求，如某药常规使用在三类患者身上，现在医生因为使用这个药的经验丰富了，准备在适应症的范围内，使用在第四类患者身上。医生希望医药公司培训和讲解新的使用方法及副作用处理方法，而且希望由有使用经验的其他医生来讲。通过这样的分析，可以先把服务内容搞清楚，把要干什么搞清楚，再有针对性地完成处理方案。

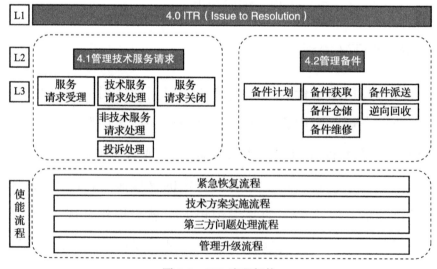

图 2-5　ITR 流程架构

当一个企业决定要做 ITR 流程改造后，需要先给整个公司"松土"。比如，要请外部顾问讲解为什么要做 ITR，让全公司统一思想和认识。花两三天的时间给公司中高管做工作坊。接着，对企业做全面扫描，看看企业现状是什么样以及期望是什么样的。第三步，构建 ITR 体系，所有客户服务相关人员一起参与研讨，把当前流程业务中的问题找出来，然后一起去构建一个端到端的流程体系。第四步，在企业里面进行试运行，然后再进行优化并全面推行，把 ITR 流程和其他流程连接起来，且要每年进行持续优化。流程之间以接口连接。华为的一级流程有 15 个，这15 个流程之间都是有接口的。比如 ITR 流程需要备件的时候，要与供应链体系形成数据流、信息流，得到物流的支持，以达到和客户签的 SLA（Service-Level Agreement，服务等级协议）。

华为三大业务流 IPD、LTC 和 ITR 的发源都是来自客户的请求，不同体系的流程打通，就是要实现客户的需求。比如，ITR流程的售后服务中，如果 SLA 是重大问题，必须在 4 小时内解决问题，那么基于 SLA 的话要分解到 OLA（Operational Level Agreement），要确保每一个步骤在规定时间内做完。OLA 的时间限制要看备件的准备时间。就供应链体系的连接而言，在哪个地方进行连接是最好的，时效是最高的，需要逐个分析。财经也是一样，比如交付以后要收钱，但收钱不是财经部门开一张发票就行了，可能还要确定发票的格式、整体的流程，客户的流程以及财经系统怎么样去和客户流程对接等。这些需要不断磨合与调整。

华为 ITR 建立初期主要是 to B 企业，客户是有限的，所以 ITR 流程是一定要对接到客户。to B 的业务对于售后服务流程的要求比 to C 的业务高，也更能带来竞争优势。

医药公司面向医院的客服场景，既有 to B 也有 to C。大客户团队为医院提供服务是 to B，销售代表为医生提供服务是 to C。大客户团队和销售团队需要二级和三级体系支持才能做好客户服务。客户体系中的人为了服务好客户，需要获得公司的支持。ITR 可以分两支，一支针对 to B，流程相对复杂一些；另一支针对 to C。

ITR 流程的灵魂

ITR 流程的灵魂，就是以客户为中心。

客户满意度是 ITR 的一个目标，就是 SLA 能达成，以及对于客户来讲整个服务流程是有序的、可以跟踪的。客户最害怕的是失去控制，客户想要的是随时知道进展程度。

最可怕不是事情能否办成，而是失去控制。站在客户的角度来看，他向公司发出求助或需求的时候，如果能够有一种安全感，他会觉得他的需求是在可控范围之内。这样会增强客户对公司的信赖，客户愿意等一下，也可以专心去做自己的工作，不为这个事情焦虑。特别是，如果公司的服务人员流动率高，就显得更加不可控，客户就会很焦虑。ITR 流程是把客户服务的控制权交给客户。在 ITR 流程再造之前，很多公司的客户服务控制权在企业的手上，或者说在企业的服务人员手上。

　　某互联网企业官网上写着公司以客户为中心的，价值观也是如此。但是它在客户服务承诺中是这样写的：一般问题 8 小时内解决，复杂问题 24 小时内解决。这不是客户导向，不是真正的以客户为中心，因为无论是一般问题还是复杂问题，还是技术难度上的分级，都没有站在客户的角度去思考。客户不关心是一般问题还是复杂问题，而是关心这个问题对他的影响有多大。华为服务的模式是：紧急问题 4 个小时解决，重大问题 10 个小时解决，一般问题 5 天内解决。紧急问题的定义和客户的定义相同，比如说瘫机，系统不能运行了，4 个小时内解决，15 分钟内恢复。重大问题，如部分设备瘫机，15 分钟内部分恢复，10 小时内完全解决。很多时候，紧急问题不一定难，小问题也不一定容易解决。所以，根据简单和复杂来分类，是从自己的角度来说，技术难度低的就快点解决，技术难度高的就慢点解决。但是华为不是根据技术难度排序问题，是按照问题对于客户的影响大小来排序。这才是以客户为中心。在 ITR 体系中，华为采用以客户为中心的模式进行管理。

　　ITR 流程是真正站在客户的角度思考服务这件事，把控制权交给客户。

MTL 流程

企业在发展过程中面临的挑战虽然会各有不同，但是最后都会聚焦到产品和解决方案的竞争力。单独靠销售技巧成就一个伟大的企业是不可能的，光靠技术积累也不行，最后各种能力要体现到产品和解决方案的竞争力。这里包含两方面的含义：

一是对标客户需求——产品和解决方案是否同客户需求有效匹配？

二是对标竞争对手——是否有差异化的竞争力？

意识到这种挑战的企业可以接着思考一个问题：产品和解决方案竞争力的打造，是研发的事情还是销售的事情？

下面列出三种典型的情况。

（1）研发驱动型企业。有些企业的研发和营销不但职责完全分离，目标也没有交叉，认为产品和解决方案的竞争力是研发要负责的，营销只负责把产品卖给客户。这种企业往往是技术和产品（研发）驱动型的企业，在竞争激烈的领域面对的挑战非常大。

（2）营销驱动型企业。有些企业会出现另外一个极端，几乎是营销团队告诉研发团队做什么研发团队就做什么。研发团队是被动响应，除非技术实现不了，否则研发团队很少拒绝营销团队告知的客户需求。这种情况除非营销团队对产品和技术方向有较好的理解与把握，能避免单纯地被动响应客户需求，否则这条路也会走偏。

（3）市场驱动型企业。实际上比较好的情况应该是营销团队和研发团队共同打造产品和解决方案的竞争力，营销团队主导产品的价值定位，研发团队主导产品的技术实现，需求前后拉通，整个过程各关键角色共同参与、跨部门协同。这就需要营销流程和产品开发流程 IPD 以及产品销售流程 LTC 能够有机结合，相互配合，在华为这部分工作是 MTL 流程来完成的。

MTL 是什么

MTL（market to lead）主要描述上市的产品到客户购买意向。一般而言，产品上市后要尽快衔接后续的营销活动，使客户有购买意向，或是购买线索，为此企业会组织展会、宣传、品牌推广等营销活动。然而有了购买意向和线索，客户也未必会购买。整个 MTL 的变革与其说是流程，不如说是方法论，MTL 流程不承载资金流，不承载物流，哪一步做和哪一步不做是不影响运营的。LTC 流程承载资金流和物流，IPD 流程是要把产品做出来，而 MTL 流程最终产生的输出并不是实体，但它教会了我们在市场细分、关键客户选择、关键市场选择、营销手段、营销模式、营销资料以及线索管理等方面怎么去做。

营销活动可按场景分为三类：公司级活动展现思想领导力（标准化内容），未来可借助数字营销的方式进行客户覆盖，减少大型活动数量；地区级活动围绕本区域解决方案场景开展（场景化内容），相似场景客户都可以参加；面向单个客户群的活动解决客户具体问题（客户化内容），从而牵引出线索和机会。

营销活动绝对不能脱离业务总体框架，市场与周边业务紧密有机结合（见图2-6），彼此相互支持和配合。通过执行MTL流程，所有公司级活动要按照营销框架统一规划、预算集中管控、集成执行。考核营销活动的标准不是数量，而是市场的成功。极端情况下，即使不做营销活动，市场也能成功是营销的最高境界。

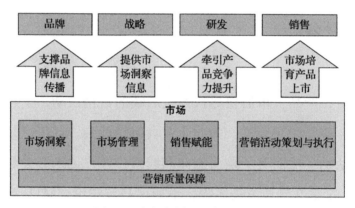

图 2-6　市场与周边业务的关系

以营促销，营与销相互配合，促成商业成功

当年华为请了IBM做MTL的变革，发现整个MTL的变革成果最适合的首先是面向企业市场，因为IBM恰好也是面向企业市场的，运营商只是它的一个行业。IBM在运营商市场里的一些做法也是可以借鉴的，但华为自己二十多年来面向运营商市场的经验更有价值，故IBM教给华为的MTL的一些流程和方法论不一定完全适合面向运营商直销。

Marketing 的价值，就是"营"的价值，即提升公司面向企业客户的品牌，促进销售线索的生成，扩大销售管道（pipeline）。作为企业市场面向广大的客户，我们就是要不断提升在企业客户中的品牌，不断增加和生成销售线索，使管道里装的东西越来越多，通过合作伙伴（某些通过我们自己）去实现销售。

事实上企业的整体营销模式也要转变，华为原来的营销模式是分裂的，MTL 的营销模式要能以客户购买的心理为主线，把所有营销活动串联起来。在客户不同购买心理阶段，要搞不同的营销活动，而且所有的营销活动要有机地连在一起。

在营销资料方面，过去的营销资料是以产品为导向的，老是"我有什么""我行""我就是行"，说到最后还是"我行"。客户听完后知道你能，你高深，你牛，但不知道你可以解决什么问题。所以营销资料也要从原来的以"我行""我能"为基础转变为说客户的语言、说客户能听懂的语言、说能为客户带来价值的语言，因为企业面向的企业客户基本都不是某个行业的技术专家，营销资料要做到能让它们听懂。

企业如何通过多方位、多渠道来产生线索，并有一个统一的规则、统一的系统，有组织地把线索进行管理。MTL 变革给企业带来了整个营销的方法论、流程和认识的质的转变，对于面向企业市场、面向未来我们构筑什么样的组织和能力，我们怎么去真正地提升品牌、促进销售线索生成、扩大销售管道，给企业业务BG 带来了很好的方法论和流程。

销售的环节未来最终是通过合作伙伴实现的，企业要发展的能力首先是"营"的能力，是 marketing 的能力。如果所有的领导、所有的组织都能用"营"的思维和"营"的方式去开展工作，最终企业的品牌提升了、线索生成了、客户要买公司的产品了，渠道伙伴自然就来了，最终的销售环节就有可能实现。

小　结

流程是满足客户需求的抓手，是获得成果、实现客户价值的路线图。企业管理者在聚焦业务结果、不断厘清问题的过程中，会开发出一个流程。

企业的再造，是流程的再造。流程再造的核心是将段到段的流程变成端到端的流程。只有端到端的流程，从客户开始，回到客户，才能锁定客户需求和价值，保持竞争效率。

企业的流程再造，其结果不仅是再造某个流程，而且需要建立流程型的组织以及与之匹配的领导力，使正三角、官僚式的组织架构，转变成倒三角、以客户为中心的组织架构，不断重塑企业的竞争力。

学习华为，要学习华为进行企业再造、建立流程型组织的决心，学习华为以客户为中心的价值观，并切实在以流程为抓手的实践中实现客户价值。

用价值分配的确定性应对动机的不确定性

企业竞争力的一个关键是战略和流程，它是企业做事的方法，也就是"牵引绳"；另外一个关键就是"人"，让"组织充满活力"，企业就能百年不衰。在"人和事"这对矛盾中，人是矛盾的主要方面。任正非认为，市场压力应该在企业内无衰减地传导，直到每个人身上，每一个人都要承担自己的责任，这才是组织活力之源。因此，华为人力资源部的核心任务有两个：第一是选人才，选干部，选将军；第二是激发组织活力，就是用好的激励机制和考核机制把组织活力激发出来。

华为是一个有强文化基因的组织，要做到尊重个性与集体奋斗，如何把握好这个尺度，是一个管理上的难题。华为的公司文化建设，就是要做到既尊重个性又坚持集体奋斗，既避免伤害个人的人格，又保证整个集体奋斗的产出。从政策上来说，就是奖金激励计划基于团队绩效来进行分配。华为强调集体奋斗，所以也实行团队激励，比如先给部门的业绩打一个包，奖金先给到部门，再由部门进行内部分配。

强调团队的另一个方式是，在实现团队业绩目标的前提下，才有个人的利益分配。这种激励机制，就是鼓励和强化集体奋斗。尊重个性的分配方式是，向奋斗者倾斜，按贡献合理拉开差距。还有就是不让"雷锋"吃亏，不让为公司的长期战略目标做贡献的组织、团队吃亏，至少在工资的提高上、级别的晋升上、股票的配股上不能让他们吃亏。这些机制可以使创造业绩的部门与不创造业绩的部门拉开差距，让"以奋斗者为本"的文化落地。

华为人力资源管理体系发展史（1.0～4.0）

华为人力资源管理 1.0

1996 年以前，华为的人力资源管理就是人事管理，还谈不上人力资源管理。

那个时候，华为没有明确的能力模型和招聘标准，在求贤若渴的情况下，对应聘者仅进行简单评估，只要有一技之长，华为就会高薪聘用。那时的华为，人才管理上还欠缺经验，更多的是做一些人事管理。

《华为基本法》出台后，华为的人力资源管理运作才算有了哲学基础。人力资源管理实质上就是价值分配链的管理。这条价值链上又可分为远期价值和现实价值，现实价值又可分为三个主要环节，即价值创造、价值评价和价值分配。

首先，华为回答了人才管理的几个基本问题：为什么要进行价值创造？为谁创造价值？谁创造价值？从哲学的角度来说，其实就是确定企业存在的本质、存在的意义和存在的理由。华为认为劳动者和企业家共同为客户创造价值，华为为客户的价值增值而存在。

华为定义了"奋斗"：为客户创造价值的所有细微活动。只要是对准客户价值创造的细微活动，都叫作奋斗，奋斗并非仅仅指干出惊天动地的大事。

华为也定义了"奋斗者"：基于岗位责任的绩效贡献者。

在这个阶段，华为开始提供基础的人事服务，建立起了一些人力资源管理的基本原则和概念。

华为人力资源管理 2.0

1996 ～ 2009 年，华为的人力资源管理处于人力资源开发的阶段。人力资源部门负责人才的开发，如同研发部门负责产品和技术的开发。

华为通过不断完善与改进，逐渐建立起人力资源管理制度，从而实现了对人才有效的梯队管理，并搭建了相应的机制，包括干部管理机制。同时明确规定，人力资本的增值优先于财务资本的增值。

在这个阶段，华为利用人力资源管理体系进行人才开发。

华为人力资源管理 3.0

2009 ～ 2013 年，华为的人力资源管理向业务伙伴关系转型，也就是向 HRBP（人力资源业务伙伴）转型。

在这个阶段，华为的人力资源管理逐渐从专业价值走向业务伙伴，即支撑业务成功。具体来说就是"三化合一"，即自身业务差异化、支撑业务服务化和运营业务数字化。"三化合一"的建设，极大提升了华为人力资源管理的效率。所谓自身业务差异化，即业务适配的差异化；支撑业务服务化，指的是专业自身的服务化，不再是管控模式，而是一种服务模式；运营业务数字化，是整体的数字化。正因为有了运营层面的数字化管理，才有了供应链中心，才可以释放大量的时间和精力做好其他的"两化"，包括 COE（卓越中心）专家团队的建设，以及业务伙伴HRBP 的一系列建设。

这个阶段也是人力资源管理"以专业为中心"向"以客户为中心"转型的阶段。

华为人力资源管理 4.0

从 2013 年开始，华为的人力资源管理逐步从"业务伙伴关系"走向"人力资源战略管理"。

在这个阶段，价值链管理是人力资源价值贡献的实现路径，也就是从价值创造和价值评价这个角度将人力资源价值贡献全部串联起来。华为从此进入了人力资源战略管理的阶段，在华为内部被称为"人力资源管理 4.0"。

华为的人力资源管理不再是事后的支持职能，而成为企业主价值链上的重要一环。该阶段，华为的人力资源管理体系不仅关联客户，还直接进入企业的战略前端。华为的人力资源管理体系发展到这个阶段，已经形成了良性循环：华为人力资源管理团队通过人力资源管理体系将价值传递到最终的客户端，实现了人力资源向利益转化的畅通无阻。

这个阶段，虽然人力资源管理并不涉及具体的市场活动，不在客户层面做工作，但是所有行为和策略目标都面向客户满意度，根据客户满意度制定相应的人力资源战略，至此华为的人力资源管理体系驶入了"与一线作战单元同进退"的快车道。

这个阶段，华为的人力资源管理实现了客户价值驱动。

人力资源管理干部应具备什么能力

人力资源管理干部最重要的能力，是把合适的人放到合适的岗位上，但这项任务"知易行难"。在人力资源管理中，华为首先建立了以选拔制为主体的干部发展体系管理机制，而非采用培养制。因为在华为看来，干部不是培养出来的，而是在"枪林弹雨"中拼出来的。

对于人力资源管理干部而言，品德、使命感、绩效、能力和经验是必须具备的。"以奋斗者为本"这句话，从华为人力资源管理干部的角度来看，指的是所有的生产要素和生产资料，只有通过挖掘知识员工大脑里的智慧，才能实现客户价值增值和公司价值增值。华为的人力资源管理干部必须意识到，作为高科技公司，华为倡导的创新蕴藏在人的大脑里，所以对人的管理，就是对创新的管理，是华为的价值所在，也是华为的财富所在。

清醒地认识人才的价值，始终把人才作为公司最大的财富，汇聚人才创造价值并使其最大化，以此作为华为赖以发展的基石，而非把财务资本置于人力资本之上，这是华为人力资源管理干部的价值观。

华为的人力资源管理干部，必须有清晰的人才观，并在业务实践中成长。

人力资源体系的变革挑战

华为要求，在人力资源体系变革中，要把人才的成长与公司长期的战略需求进行统一，这也是变革中的难点之一。同时，华为管理团队要求，绩效管理不应仅被当作考核的工具，还应被视为人才发展的管理工具，实现以下职能：在绩效管理中发现人才、发展人才，在实践中培养人才。

华为的人力资源激励体系的目标之一，是实现劳动者所得与资本所得之比趋向 3 : 1。这里的劳动者所得是工资和奖金，资本所得是公司内部虚拟股票的分红。华为认为，劳动者首先是价值创造最核心的主体，其次也是知识资本的拥有者，公司应该用股票的方式对知识资本给予认可。这些激励措施，是华为在时代大潮中与时俱进探索出来的。在初期，华为也出现过资本所得高于劳动者所得的情况，造成劳动者丧失奋斗的动力，从而对工作产生懈怠。

华为的这些人力资源管理变革，在实施过程中，面临几个层面的挑战。

第一个层面的挑战：顶层设计背后的逻辑必须清晰。逻辑不够清晰，会使底层的设计者产生困惑，不知如何去构建整个体系。华为每一次提出新的思想，都是任正非在深思熟虑后决定的。这样就避免了不同思想造成的碰撞，这也成了华为的最大优势。

　　第二个层面的挑战：观念体系的设计，第一要适配差异化的业务，第二要实现组织间的协同，这两个问题会一直考验领导者的逻辑思维水平和系统思维水平。比如，要基于岗位责任的绩效贡献施行分类、分层、分级的考核模式，如果缺乏指导性原则，就容易造成评估绩效贡献时有失公平。

　　同时，对于任何组织的优化或变革，核心利益相关者达成一致非常关键。如果核心利益相关者不能达成一致，变革就很难执行，即使能勉强执行，也很容易失败。

　　第三个层面的挑战：组织管理和发展的理论、方法都要落到实践，"实践是检验真理的唯一标准"。无论制度还是机制，无论流程还是变革项目，是否成功，都需要用实践来检验。在用实践检验的过程中，一线主管至关重要，他们与组织变革的执行者通力合作是成功的关键保障。主管是发布命令的初始端，一线员工是执行命令的终端，要确保"政令"畅通，就需要很高的顶层设计水平，保证能落地执行也是设计的一部分。

　　组织变革中常会出现这样的情况：新制度制定和发布了，但缺少必要的沟通和书面说明，而有的领导者想当然地认为，只需要口头通知或者邮件通知就可以执行。在这样的情况下，因为没有统一的执行标准，甚至对规则的理解也存在差异，终端执行者会产生困惑。不同的执行者按照不同的理解去执行，必然会导致结果的不一致。

　　所以说，在组织赋能和使能的过程中，主管要注重换位思考，以执行者的思维去思考，制定统一标准，实现组织赋能。同时，执行者也要理解主管的思维，才能在使能过程中快速、高效地执行命令。

华为的人才观

企业家需要授权，但当企业家把企业交给经理人时，方向会不会发生根本性的改变，这是一个核心问题。企业需要吸引优秀的人才，包括管理人才和技术人才。这些人才进入企业以后，要确保他们所奉行的价值观和经营理念与企业家一致。企业吸引到这些优秀的人才后，要将他们放在恰当的位置上。对于很多专门人才，留住他们也是人力资源工作很大的挑战。从企业竞争力的角度来说，组织需要充满"又红又专"的人，这样才能确保企业长盛不衰。那么，如何实现这样的人力资源目标呢？答案就是，企业要建立自己的人才观和人才策略。

华为人才的培养

专业知识从哪里来？如何培养人才？对于企业而言，发展是硬道理。企业如何发展、发展什么，关键在于公司的战略诉求。企业培养的永远是员工在业务发展方面的能力，换言之，根据劳动者需要劳动的内容来发展其相应的能力。比如，就人力资源主管而言，企业需要的是其在人力资源管理方面的能力，而不是销售能力，也不是市场开发能力。员工首先需要适应岗位要求，同时尽可能做到精和专，这样才能实现自我提升。这个过程，也是把知识进行价值变现的过程，价值变现就是实现绩效结果。

既然人才的发展就是知识变现的过程，那么知识从哪里来？华为认为，首先要上溯到劳动的准备阶段，这个阶段并非某个具体的时间段。劳动者的知识可能是其在学校中习得的，也可能是其在实际工作中积累的。劳动者储备的知识越多，在职场中能上升的高度就越高，知识变现的机会也就越大。

华为在建立和发展人才培养体系的过程中，遇到的最棘手的问题就是公司文化的继承与发扬。华为在从起步到发展，从不到1万人发展到18万多人的过程中，面临着巨大的挑战。对于任何高速发展的企业而言，员工的大量增加，都必然会剧烈地冲击企业文化。在这种冲击下，不仅要避免原有的企业文化被大规模的新员工异化，还要用原有的企业文化同化新员工。在企业快速发展中，文化的发展如同逆水行舟，不进则退。

华为这个快速发展的巨型企业，现在有很多干部是"85后"。这些"85后"掌控的业务当量，有的超过几十亿美元。一般的企业，在这样的情况下，要么被员工牵着鼻子走，要么牵着员工的鼻子走，基本上都是"死路一条"。但华为却化危为机，趁势建立起了良好的企业发展路径，而这背后，就是完善的人力资源管理机制。完善的人力资源管理机制既保证了企业文化不变样，又助力员工在一个又一个岗位上获得成功，并有更好的未来。帮助各种类型的员工，在企业文化的引导下，在各自岗位上获得成功，就是华为的人才培养之道。

春秋五霸之一晋文公重耳，在称霸之前颠沛流离，但是即便如此，他依然在流亡楚国的时候保证，若日后交战，必退避三舍[⊖]。四年后，两国果然交战，晋文公遵照了之前的约定，退兵九十里，但是这看似认怂的表现，却让敌军麻痹大意，以为晋军不堪一击。楚军轻敌深入，遭到晋军的攻击，大败而归。这一军事事件也造就了一个成语——退避三舍。通过这个例子，我相信读者应该很容易理解"格局"这个词的意义了。重耳的称霸看似偶然，实则蕴含着必然性，他流亡之时，已为未来布局。华为非常重视全局观，就现代企业而言，全局观非常重要，只有站在全局的高度才能实现组织利益的最大化，而非局部利益最大化。

晋文公不退兵九十里，未必是楚国的对手。退兵九十里，损失的是局部利益。对于现代企业而言，能否忍受一城一地的丧失，从而实现最终的整体利益，其实看的还是各级干部格局的大小。企业的格局越大，就可以走得越远。很多知识和能力都可以在工作中习得，但是格局却是在家庭环境与父母的影响下长期内化成的，很难通过后天的训练培养起来。格局的大小往往决定了

　⊖　一舍三十里，三舍即九十里。

一个员工最终达到的高度。

领导者的格局，不仅体现在知人善任，还体现在有足够的胸怀组建团队。在一个团队中，领导者能包容与自己性格迥异的成员，接受并且公平公正地评价他，给他发展的空间和机会，这便是领导者格局的体现。

但是，任何组织都不能用同样的格局来要求组织中的所有人。于是，如何用人以及用什么样的人，就成为华为人力资源管理体系的建设者思考的核心问题。华为的人才培养体系中最重要的一条便是用干部、培养干部。在很多企业和组织中，我们经常听到领导说没有时间培养接班人、发展干部，但在华为，不发展和培养干部，就是领导的渎职。

华为的高层领导必须亲自参与相应的赋能和发展项目。在华为大学一年数次的"高研班"当老师，是华为高层领导基本的职责和责任要求，已被纳入考核。这项举措，可以提升领导理论联系实际的能力，也可以让接受培训的人快速理解公司的相关理念，从而达到事半功倍的效果。

以奋斗者为本

企业管理者一定要把做出贡献的人和做不出贡献的人区分开来，把做不出贡献的人清理出组织。华为坚持干部每年要有10%的强制末位淘汰，这就是"以奋斗者为本"。管理者做不出贡献却仍然在位，会对组织造成极大的伤害。管理者证明自己在组织里存在的价值，唯一的办法就是引领商业成功，做不到这一点，在管理岗位上是没有价值的。"以奋斗者为本"和"以人为本"的目标是一致的，企业建设"以人为本"的环境，就是为奋斗者提供一个宽松的氛围，助力他们为客户和企业创造价值。以奋斗者为本，通俗说就是多劳多得、少劳少得、不劳不得。

管理追求结果，要用结果来证明手段，而不是用手段来证明结果。任何一个对企业的生存和兴旺有着直接与举足轻重影响的领域，都需要设定清晰的结果目标。根据这个逻辑，能够带来结果并实现目标的人，就是人才。也就是说，人才与性别、年龄、资历、360度评估结果、能力测评分数等都没有直接关系，只与结果有直接关系。

很多企业的人力评估体系特别复杂，定义人才要与很多要素建立关系，反而远离了结果。另外，还有很多企业盲目追求新意，每年都会推出一些新的理念，员工根本就消化不了，更不用说转化为结果了。在一次华为内部的企业管理研讨会上，有人讲了一个故事。有人分别问三个石匠他们在做什么，第一个石匠回答："我在养家糊口。"第二个石匠边敲边回答："我在做全国最好的石匠活。"第三个石匠仰望天空，目光炯炯有神，说道："我在建造一座大教堂。"企业最需要哪种人？当然是第三种人，那个在"建造大教堂"的人，因为他的个人目标与企业目标是一致的。但是，企业中的人力资源体系往往在推动员工成

为第二种人，其实这是在为行业培养人才，而不是为企业培养
人才。

华为从来不提让员工满意，因为让客户满意才是目的，让员
工满意只是手段。很多企业说想办法让员工满意，但华为强调的
是员工要有责任意识。华为也不追求员工的忠诚度，因为除老板
之外，公司中最忠诚的人有两种：一种是钱给够了的人，另一种是
没本事的人。企业过度追求员工忠诚度的成本很高，所以重要的
不是员工的忠诚度，而是员工的敬业程度和责任意识。

在实战中提拔和培养干部

华为提倡在实战中选拔人才，也就是"宰相必起于州部，猛
将必发于卒伍"。相应的人才培养逻辑是：当某个人在岗位上干
出成绩后，就把他提拔到更高的职位上，一方面给他一些知识培
训，另一方面容忍他犯错，给他成长的空间。新的干部虽然给公
司带来了损失，但也给公司带来了利益，同时他们也获得了成
长。华为从不做360度评估，因为奋斗者可能会经常得罪人，而
360度评估评出来的都是"好好先生"。华为当时提拔余承东的
时候，很多人说他性格太直，不适合做高管，但任正非强烈坚持
升他为总裁，因为余承东敢于对结果负责。

余承东曾在手机事业部的誓师大会上说，他把公司给他的
所有股票作为赌注押给公司，如果手机事业部做不好，自己一分
钱不要，怎么进的华为，就怎么出去。把职业生涯与公司的未来

捆绑在一起，这样的人不是公司的人才，还有谁是呢？这样的人不用，还用什么样的人呢？一个让大家都满意的人，是成不了事的。有一次任正非匿名填了一张人力资源部的招聘表，交给了人力资源部，人力资源部看了之后说此人不适合在华为工作。任正非评价说，人力资源体系看的所谓素质，其实反映不了人才的本质。

在任正非看来，人才首先要有精气神、有干劲、有冲劲、脑子灵活，价值观与公司一致。有人为了钱和职位来华为，往往说起话来头头是道，回头就不干事，没干劲、没冲劲，这样的人会损害华为。华为认为，培训只是提供辅助，并非人才培养的主要方式。在华为，知识学习是员工自己的事情。华为的管理者要学习和提升，参加公司的培训需要自己交钱。华为的管理者自己掏钱参加培训非常多见，他们也非常踊跃。

任正非曾经说过，凡是没有基层管理经验，没有当过工人、没有当过基层秘书和普通业务员的，一律不能提拔为干部，哪怕是博士也不行……即使学历再高，如果没有实践经验，也会被公司"横挑鼻子竖挑眼"，很难"蒙混过关"。因此，"从实践中选拔干部"和"小改进、大奖励"是两个相吻合的政策。一个没有基层工作经历的人被提拔到公司高层，很容易头脑发热，这会导致公司生命的终结。

华为对干部还有一些具体要求：必须能长期艰苦奋斗，要有敬业精神和献身精神；五湖四海不拉帮结派，要有开放、妥协、灰度的精神；要实事求是、敢讲真话、以身作则；要不断提升自身的职业化水平；要有自我批判的精神，保持危机意识；个人利益要服从组织利益。对于华为来说，高层需要独当一面的经历，处理复杂业务，这样才能培养其综合能力和全局视角。只有在干部取得优秀的业绩后，才将其提拔到公司高管位置上，能确保公司做重大决策时，他们不会站在自己原来部门的立场上。

华为选拔干部经常来自以下几种场景：第一是从成功的团队里选择干部，最早是交换机部门出了很多干部，前几年是无线部门出了很多干部；第二是从一些主攻战场、艰苦地区选出干部，因为这些人的价值观是经受过考验的；第三是从影响公司长远发展的一些关键事件中提拔干部。

2011年"3·11日本地震"的时候，爱立信等电信设备公司的很多人都躲到安全的地方去了，华为的工程师却逆流而上，第一时间奔赴震区帮助客户解决问题。日本客户特别认可华为，说华为工程师人品好，帮助他们在混乱当中重建业务，所以华为在日本有很好的声誉和品牌形象。利比亚战乱的时候，华为利比亚公司的总经理从希腊坐船走了，副总经理决定留在那里稳定团队并继续为客户服务，后来该副总经理被公司连升三级。公司有人问他，是什么支撑着他在危险的时刻留下来，他说：越是看着危险的地方其实越安全，战争期间通信很重要，我们要全力保障通信。当然，这背后还是华为以客户为中心的核心价值观起了作用。

　　华为推行隔级接班人培养机制。从人性的角度来说，培养自己的接班人是很难的。华为创造性地建立了一种接班人机制：隔级培养接班人。每个领导遇到下属辞职不干都是很伤心的，所以他有动力培养自己下属的接班人。华为还有一个规定：一把手和二把手合作不好，出现了一把手没干好被调走的情况时，二把手是不允许接班一把手的。一定是一把手干得好，到其他部门任职了，二把手才有机会接任。一把手和二把手相互依赖，一把手再烂，二把手也要扶他，一把手成功了，二把手才有发展空间，他们就像绑在一根绳上的蚂蚱，也叫利益共同体。

　　华为独有的公司治理模式，为人才的发展提供了特有的模式和空间。华为不上市，是为战略聚焦，所以不做横向延伸的创新。华为在对外并购上也明确要求，不以财务回报为目标，只为弥补公司的核心技术短板，通过并购后的协同作用提高公司整体的价值。对比来看，互联网公司是横向铺开、扁平化的企业结构，有时会同时进入多个不相关的领域，而且各个事业部或子公司相对独立运作，甚至有些子公司还可以吸收外部投资，并单独上市，这点与华为有着本质的不同。

　　在这种治理模式下，华为在内部不鼓励人才创业，一般也不投资内部创业的企业。华为是这样考虑的：内部创业开发的产品或技术，如果不是公司主流、主方向，就会分散公司的资源；如果是公司主方向，进入公司体系就可以了，也不用自己创业。华为每年从清华大学、北京大学等名校招聘大量优秀的新员工，一般三年后，他们就会熟悉华为的技术要求、管理模式、管理方法和文化。如果不能将这些青年才俊及时提拔到合适的重要岗位上，他们可能就会走掉。所以，重点是让干部在最佳的时间段、最佳的角色上做出最佳的贡献，并让他们得到合理的回报。华为内部采取基于绩效评价，破格提拔的方式，促进年轻干部尽快成长。没有职位，可以在级别上破格提拔，比如薪酬级别和职务级别，华为会出现低职高配的情况。从另一个方面讲，干部也要能上能下，并形成一种文化。

人才搭配，"狼狈计划"

组织设计，讲究优势互补。组织里不是厉害的人越多越好，而是要通过"狼狈计划"取长补短来搭配工作。组织设计的目的就是要让平凡的人做出不平凡的业绩。在华为，一把手一般都狼性十足，风风火火，不断想办法把自己的业务做大，以便在组织里有十足的话语权，所以他们会拼命地找机会，但这样的人在公司内部往往会疏于管理。这时二把手可以把内部的事务管理起来，这就是狈的特点，这样就形成了一种狼狈搭配。还有就是，前线的一线人员是"狼"，每天和客户在一起，一听到项目信息就马上回来，呼唤解决方案经理和服务经理"狈"，由他们给他提供专业的支持。华为认为，为组织匹配全才太难了，而且即使实现了，厉害的人往往个人诉求也很高，这种人聚在一起竞争有限的发展机会，可能会导致组织不稳定。

有个故事，说的也是这个道理。如来佛在庙里面安排了弥勒佛和韦驮。弥勒佛总是笑脸迎人，韦驮则会理财。这两位分别管理庙时，都管不好，后来一起管理，就管理得很好了。而且，如来佛不搞培训，如果弥勒佛和韦驮都既会笑又会算账，肯定有一个会走掉，而且找人接替还挺难，因为人才的标准提升了。所以，管理的价值是将可获得的人才组合起来，产生"1+1>2"的效果。

人才储备

任正非看了电影《2012》后想到一个问题：未来的大数据时代，谁能驾驭数字洪流，谁能找到数据的"诺亚方舟"，谁就能成为未来的弄潮儿。之后，华为成立了一个"2012实验室"，招了1万多人，但是一个通信专业的人都没有，而都是数学、物理、材料、结构专业的人，目的是通过非同质化的思维激荡，激发出一些新鲜的东西来。后来，2012实验室真的搞了很多前沿性的东西，这就是任正非的远见卓识。3G的牌照2009年才发，而华为实际上在2000年大学毕业生招聘时，就招了5000人为3G战略做储备，占到当时华为人数的1/3。从2000年到2009年，在积累8年多的时间后，华为终于等来了3G业务，并一举超越众多对手，成为行业领导者。2019年以来，华为通过"天才少年"计划，重金引进少年科技天才，也为未来5～10年在新领域的发力提早做好了准备。

人尽其才，为我所用，灵活管理

华为过去在招募人才时发现，从西方公司出来的人有个很重要的特点，就是喜欢抢功劳。因为在一般成熟的西方公司，个人上升的通道非常有限，每个人都要竭力包装自己，这些人到华为后也习惯这样做。这样的人才，只要事情跟他搭一点边，就说功劳是他的，华为很多人都反感这样的人，这种人在华为也很难融入集体。后来华为发现，用好这种人的方式是，如果他们擅长的那部分正好是华为短缺的能力，就请他们过来做专家，把他们的这个专项能力固化为华为的能力。华为和这种人一般会签一年期的合同，待遇比华为一般员工要高。然后在这一年中，慢慢地磨合。一年到期后，再次进行双向选择，如果磨合得好，他们可以继续留在华为，甚至可以走到管理层，然后回归正常的薪水管理体系；如果磨合得不好，双方也都不吃亏，个人得到了合理的回报，华为也学习到了东西。这种灵活的人才管理方式，在实践中十分有效。

管理的三个基本假设

"利益、人性、效率"是华为所有管理的魂。管理者不懂人的心理，是做不好管理的。制度和机制出来了以后，要看这个制度和机制是否打动了员工，没有打动，该制度和机制就是一个摆设。

有一段时间，华为的海外员工舍不得吃，原来伙食补贴直接打到工资里了，大家都想多攒点钱回来买房子，结果很多员工的身体出现了问题。发现这种情况后，任正非责令人力资源部门整改，修改了相关政策，无论员工吃多少，公司补一半，吃得多就补得多，吃得少就补得少。结果大家都挑好的吃，有人笑谈，很多员工吃成了"脂肪肝"，员工吃饱了饭就不想家了，干活就更有劲了。后来一算，公司的伙食补贴反而减少了。这个故事简要地说明了，在理解了利益、人性和效率后，管理者制定合理的机制才能打动人心，才能实现企业和员工双赢。

效率：物竞天择

自然界是物竞天择，企业和自然界是一样的。动物世界非常残酷，但就是这种残酷性使得各个物种必须保持强健，不断地适应环境，以获得生存的机会。企业的逻辑也是这样，企业是自然界中的一个小系统。企业作为社会的一个器官，是效率性的组织，而不是公平性的组织，也不是福利性的组织，因此企业要以奋斗者为本。社会强调以人为本，要保护弱势群体，这样的社会系统和企业系统互补，并且互相支撑。

企业的职责不是追求公平，而是追求效率，过度追求公平是容易出问题的，这也是社会分工所致。大家知道，华为的福利一般，坐班车、吃食堂都是员工自己付费，因为华为认为福利与价值创造没有必然的关系，创造才有回报，这就是华为的管理逻辑。华为的手机业务初期做得并不好，但公司没有动员内部员工购买华为手机，因为这样手机事业部的日子就会好过，改进就慢了。这种市场机制，才会倒逼企业的每个环节都进行改进。在华为，公司内部的芯片要提供给其他业务部门，需要和外面的供应商一起参加招投标，这也是一种市场压力传递的机制。

企业靠效率满足利益和人性。企业如果没有效率，就不能交付结果，真正的效率不是省钱，而是增长。靠减人增效，是企业管理的最大错误。企业没有增长，肯定是优秀人才先离职，增长的企业才能留住人才，人才发展的本质就是事业的发展。"能干的人基本不忠诚，忠诚的人基本不能干"，留人不是靠忠诚，而是靠组织效率。

理解和尊重人性

华为把自己的价值构筑在"充分理解和尊重人性"这个基础上，将公司价值构筑在"毫不利己，专门利人"这个假设上，是无法有效激励和动员人的。员工工作的第一动力是满足个人和家庭提高生活水平的需求，拥有共同利益是众多毫无关联的人能够走到一个平台的主要原因。

20世纪90年代，华为员工的工资也就是几千元一个月。任正非问大家准备买什么车，有人说买捷达车，有人说买宝马车，任正非就说买宝马车这个年轻人有出息，可以做干部，因为他的利益格局大。舍得花钱，说明他对自己的未来是有期许的。不舍得花钱的人，他未来的格局就小，让他来带队伍，很容易"小富即安"，不可能创造大的价值。于是很多人就开始想象自己人生中的"宝马"，干活更有劲了，这是人性使然。这个事例可以折射出华为管理思维中对于理解和尊重人性的考量与落实，不仅要在管理实践中放下"天下为公"的幻象，更要用利益这个"天性"去驱动员工奋斗。华为的成功实践表明，真正有效的激励，都是深刻理解人性本质的。

在华为看来，好的管理制度一定是能让绝大多数人获得利益的制度，无法帮大家获得利益的制度是失败的。在这个大家集体获得利益的规则之下建立的制度才是有效的，才能真正激发组织活力。有了这个前提假设，利己和利他的关系就清晰了。利己和利他不一定就是一对矛盾体，一个真正大公的人，他的境界比较高，能看见更高的利益，这个更高的利益实现了，他自己的利益也肯定是有保证的，否则这个组织肯定出问题。华为员工的理念是：把企业做好之后，每个人也就有了收益，企业利益是个人利益的保障。

"用人"和"疑人"是很多管理者热衷于研讨的问题。华为在充分理解人性的基础上，也尊重人性的差异。必须承认，人性中有自私和利己的成分，所以企业要通过合理的制度来引导和利用以及管理这些自私和利己成分，确保不会"越界"和"超标"。企业对每个员工既要约束也要怀疑，但不能因为存疑而不用，用人的时候应该是"用人要疑，疑人要用"。人们讲得比较多的是"用人不疑，疑人不用"，这个规则在企业里面有时是错的，和人性的本质是背离的。华为承认了"不信任"和"怀疑"的前提，然后同时进行授权和制度约束，并透明化。华为每个人都拥有系统赋予的权力，都可以充分使用手中的权力获得结果，实现价值，但是又不会超出规范，因为华为有强大的监督体系。比如采购，华为建立了强大的监督和稽查体系，通过事前警示、事中监督、事后惩戒等手段，保证了员工和各级主管的廉洁，践行了"阳光采购"的理念。

利益

企业经营要把利益链条打通，因此企业经营的机制就是利益的机制。在华为，价值创造、价值评价、价值分配就是利益机制。这三个价值内容到底哪个最重要呢？华为的答案是：首要目标永远要对准价值创造。做蛋糕远比分蛋糕重要，分蛋糕也是为了把蛋糕做大。不少企业家有些许成绩后，就会变得保守，不思进取。曾经有个企业老板两年做到20亿元的规模，却说不知道怎么分钱。咨询顾问说他两年做到20亿元，说明市场空间很大，行业发展很快，重点应该放在怎么做蛋糕上，而不是怎么分蛋糕。华为认为，企业"抢粮食"是最重要的，尽量少进行过度精细化的管理。过度精细化管理是企业的灾难，如果企业只顾着在内部进行精雕细琢，就会忽视外面的市场和客户。

汶川地震期间，很多华为员工奋不顾身地去抢修通信设备，有人认为，华为一定是从新员工开始就非常重视企业文化建设。华为"以奋斗者为本"，员工的血液里流淌着奋斗的基因……华为员工在一线冲锋，其实也是为了自己在华为的美好前途而奋斗。华为对员工的价值分配分两个维度：一个是业绩贡献，另一个是使命感。业绩越好、贡献越大，奖金越多。使命感如何衡量呢？关键时刻能冲锋陷阵就是使命感强。在华为，使命感强的人，才有资格升职和配股，使命感弱的人升职和配股都很少。每个人心里都有一个小算盘，管理者计算清楚员工的利益，才能驱动员工积极工作。不会计算员工利益的管理者，是带不好团队的。如果管理者不是计算员工的利益，而是算计员工，就大错特错了。

管理者还有一个责任，就是引导员工看到更大的利益，因为每个人看利益的方式不一样，如果员工的格局小，看到的利益也就比较小。管理者要帮助员工看到更大的机会，实现更大的利益。管理者驱动下属工作，不要讲大道理，不要讲情怀，一般只需要让他做的事情与他的个人利益保持一致，自然水到渠成。管理者要做好观念方面的引导，提高员工的认识，这既利于员工进步，最终也会使企业受益。

价值逻辑：价值创造、价值评价和价值分配

华为人力资源管理的逻辑框架，可以概括为"1 核心 3 价值"，"1 核心"是以奋斗者为本，"3 价值"是价值创造、价值评价和价值分配。依据价值评价的结果，给予合理的回报，就是价值分配。对于员工从招聘到离职，从在公司内部跨部门横向流动到晋升，华为有一整套人力资源政策。价值评价的核心是公正性，其关键是评价标准及评价程序的公正性。

价值创造

在价值创造方面，华为的理念是高增长、高压力。一些中小企业，有 10% ～ 20% 的增长，它们就很满意了。但这样的增长方式是没有未来的，因为财富贬值的速度太快了。

在价值创造中，常见的误区是根据内部的资源能力和条件制定目标，而不是根据外部的市场和机会制定目标。华为曾制定了一个目标：2020 年做到 1300 亿美元（接近万亿元人民币）。其实这个目标多多少少是拍脑袋拍出来的，体现的是企业家的追求，当然前提是市场有这么大容量。企业家"拍完"目标以后，整个企业全力以赴驱动这个目标的实现。

公司总体目标制定出来之后会出现这样的情况：下属中有人接招儿，也有人不接招儿。一般来说，面对目标，大家开始都会说"这是不可能完成的任务"。实际情况是，到年底这些目标全

部实现了。俗话说"人有多大胆，地有多大产"，但前提是有科学的方法去实现，华为对这些"科学的方法"做了大量的投资。所以，企业家要有雄心，勇于揭开目标的"盖子"。

从这个理解来说，目标管理的机制就是一种"自己给自己下套"的机制，并非目标分解。在华为，老板只关心自己的目标，下属的目标如果不支持老板的目标，就会被打回去重写。在华为，目标是自己定的，叫作目标解码，不叫目标分解。解码是由下到上，这样总体目标就是大家目标的总和。所有企业能力都是逼出来的，要用高目标倒逼企业内部的能力，这样的企业管理才有效。蛋糕做大了，价值就创造出来了。

价值创造有两大要素：一个是劳动，另一个是资本。要么资本雇用劳动，要么劳动雇用资本，谁雇用谁都是手段，更强的一方是雇用方，双方共同的目的就是把蛋糕做大。价值创造者分为三类：第一类价值创造者是劳动者；第二类价值创造者是知识贡献者，比如通过工艺改进降低成本 10 元钱的人，就是知识贡献者；第三类价值创造者是企业家。企业家和常人不一样的地方，就是追求不确定性，因为不确定性才是利润的来源。其实不确定性就是风险，企业家的工作就是管理风险，从而获得高额利润。企业家能看到将来的机会，并指挥团队往那个地方发力。有远见的企业家，还会同时布局市场和能力，当市场和能力能够跟机会匹配时，机会和能力相遇，就是所谓抓住了机遇。

价值评价

华为集体进行价值评价，这就避免了个人说了算。个人权力过大，权力就会跟着个人跑，而不是跟着公司跑。集体价值评价的不足之处在于，效率会受到影响，会牵扯主管的很多时间和精力。华为在这方面也在不断完善，但是一个基本的标准——责任结果导向，是一直没变的。

好的价值评价有一个特点：是评价结果，而不是评价过程；是评价价值创造，而不是评价价值消耗。举个例子来说，前段时间新闻里曝出某个城市有个很奇怪的现象，下倾盆大雨的时候，洒水车还在给花草树木浇水。为什么会这样呢？背后的逻辑可能是：洒水工人的考核指标是洒水次数、出勤次数。这样的话，无论下雨刮风，洒水工人只要出勤就能拿到奖金。之所以出现这种奇怪的现象，本质上就是因为只考核过程。正确的方式是考核结果，即花草树木存活了就可以了，下雨天不用洒水，天晴时多洒水。结果是用来考核的，过程是用来纠偏的，结果反映了价值创造，过程是价值消耗。只考核过程不考核结果，就是鼓励员工多花钱。很多企业里面有各种各样的指标，其实大多考核的是价值消耗，比如"培养了多少人""举办了多少场培训"，这是典型的价值消耗。华为考核"挣钱"，不考核"花钱"，因为挣了钱后才有钱分，花钱是为了挣更多的钱。

依此类推，客户满意度是过程指标，订单和回款才是结果指标。仅仅让客户满意，没有订单，没有回款，这就是消耗。质量也不是结果指标。华为早年出现很多问题，就是因为考核指标不清晰。比如对于企业的客服中心，受理了多少问题、处理了多少问题，这些都是过程指标。客服中心应该考核客户回头率、客户保有率和增值服务，这才是价值创造，其他都是手段和过程，不是结果和目的。正确的考核才会带来价值增量，不然毫无意义。企业考核完成率也是错误的，比如一个人创造了1000 万元的利润，完成率100%，另一个人创造了 2000 万元的利润，完成率 50%，因此就说前一个人的贡献大。其实创造了 2000 万元利润的那个人的贡献更大，虽然目标完成率只有 50%，也许这是因为他年初目标定得太高了。所以，企业在考核时应该注意尽量考核绝对值，少考虑相对值，回归到正确的价值评价上。

企业考核指标为员工离职率或关键员工离职率，也是错误的。这是领导力指标，不是业绩指标，把领导力指标和业绩指标混为一谈是错误的。业绩考核只看业绩，领导力考核的是带领团队的能力，即一个人是否适合做领导。回归价值管理的本质，只管业绩和成果，不管其他东西，这就是价值评价。正确的价值评价一定要回归结果，只看价值创造的成果，而不考察过程。

价值评价的起点是部门的价值定位，就是部门成立的初衷，即它在价值链里面对什么负责。找到了部门的价值定位，考核就简单了，这就是以终为始的思维方式。举例来说，市场部相当于足球场上的前锋，对总体销售结果负责，它是一个机会中心，从财富的角度来讲就是收入中心，必须源源不断地给公司创造收入。

研发部门相当于创新中心，要源源不断地给前线提供新产品，老产品交给生产部门。研发部门要创造新的收入来源，所以考核的就是新产品的收入。

售后服务部门相当于成本中心，也就是花钱的部门。成本中心的定位是保证前线及时到货，所以用到货率来考核，奖金主要来自成本的下降。华为供应链有一个很重要的指标——万元发货成本率，如果这个指标没有下降，说明没有增量价值创造出来。

职能部门的定位是效能中心，业务单元给效能中心交费，效能中心给公司打造一个好的平台，让业务能力能够提升，这就是效能中心的价值。后台所有职能部门的考核，都要看是否对前线有支持、有帮助。很多企业犯这样的错误：后台职能部门的考核与前线没有关系，闻不到前线硝烟的味道。很多部门没有体现出与前线的关系，原因很多，比如很多企业画组织结构图时，先画董事长，再画总裁、总监，画到最后，前线被忽略不计了，这是典型的管控思维。华为画组织结构图时，先画客户界面，把"前线怎么打仗"先搞清楚。如果客户界面出现了"三不管地带"，有问题无法解决，就由职能部门补齐相应功能，这就是后台职能部门的价值。在这个原则下建立起来的组织，就是流程型组织。

职能部门的核心价值是资源开发，保证资源增值。比如人力资源部门的核心原则，就是实现组织不养闲人，将合适的人放到合适的岗位。对于能力强的人，要让他担当重任，否则就是人力资源的浪费，人力资源部门负责消灭这些浪费。

从企业的价值观到流程型组织的建立方式，就决定了各个部门的职能，也就能推导出不同职能的考核方式。当然，考核也要结合其他管理方式，这样才能最大化地做到让"组织充满活力"。

价值分配

形象地说，价值分配就是"油门"，一脚油门踩下去，推背感出来了，这个价值分配就对了。如果油门踩下去车没有加速，就说明价值分配出问题了。在华为，价值分配导向冲锋，导向企业的可持续发展。不围绕"冲锋导向"的价值分配，一定是错误的。比如，可乐的销量对天气的依赖很大，如果有人说"今年是因为天气太热导致销量井喷，所以不能按照年初制订的奖金计划发奖金"，企业要平衡一下。如果这样做，企业就没有活力了。企业家要尊重这些不确定性，不能无视偶然性。

常见的价值分配错误有以下三种。第一种是按工龄分配，工龄越长的人享受的待遇越好，其实工龄长的人在后期对企业的贡献是递减的，华为没有工龄工资。华为有个退休政策，年龄达到45岁，工作满8年就可以光荣退休了。后来华为又出一个补充政策，年龄在40岁以上的亚健康人员都可以退休。让年龄大的人提早退休享受生活，既是对这些员工多年贡献的肯定，同时也能把更多的机会和岗位让出来，给年轻人提供更多空间。

第二种是按学历、认知水平分配。学历只是个人学习能力的体现，并不必然地给企业带来价值。

第三种是工资普调。

华为讲求"不让雷锋吃亏""给火车头加满油"，能干的人肯定能升职加薪，而且加薪非常快，这是华为的特征。华为创造了一种长期艰苦奋斗的文化，能够冲锋。大家很辛苦，但是结果是好的。不想过程辛苦，又想要好的结果，如果这种想法在企业实现了，说明这家企业出了很大的问题，人才肯定会离开。"过程很舒服，结果不舒服"与"过程很辛苦，结果很舒服"，很多人还是会选后者，因为不管怎么说，后面的情况还能让人赚不少钱。所以，价值分配要导向做大蛋糕、创造价值。

力出一孔

华为有两个著名的说法："力出一孔"和"利出一孔"。

绩效管理的对象

　　绩效是结果，那么绩效管理的对象是什么？企业考核的对象，常见的是纵向的部门，往往忽略了横向的流程，但企业里真正创造价值的是流程，不是部门。每个流程都对准了特定的目标，比如销售流程对订单目标负责，交付流程对回款目标负责，订单和回款是要解决的核心问题，是带来价值创造的关键。一个个部门的能力集合起来才能创造价值。部门的目标是从流程里解码出来的，凡是在流程里不创造价值的都是多余的。流程里的角色对应着部门里的岗位，岗位业绩的考核也要放到流程中来看。

　　华为把绩效管理的对象分为流程、部门、角色和岗位。华为把流程和部门的绩效管理，统称为组织绩效管理。流程也是一个组织、一个跨部门的团队。个人绩效管理针对流程里的角色以及部门里的岗位。

组织绩效管理

　　KPI 中的" K "是"关键"的意思，KPI 一般有三个左右，最多不要超过五个。不少企业的 KPI 太多了，目标越多，越分散，资本越弱，这是基本常识。管理要提高效率，需要向关键路径要时间，向非关键路径要资源。企业里要用市场机制，将 KPI 落到本质的地方，KPI 越少越好。

KPI 中的 "P" 是 "业绩" 的意思。关于业绩，有很多容易误解的地方，比如订单不是业绩，12 月签了一个亿的订单，属于框架合同，收入是发生在明年或后年的事情。签订单的时候业绩还没产生，所以不能签了框架合同就兑现奖金，否则就是价值创造在后，分配价值在前了，长此以往企业会被掏空。

华为公司层面的 KPI 有销售收入、市场份额、利润、回款、工资性薪酬包占比；产品线的 KPI 有销售收入、新产品市场导入、销售毛利率/制造毛利、人均效益、工资性薪酬包占比；地区部的 KPI 有销售收入、市场份额/价值客户增长、利润、回款、工资性薪酬包占比；生产部的 KPI 有合同及时齐套到货率（CRD）、制造毛利率、万元发货制造成本率和损耗率；人力资源部的 KPI 有关键岗位到位率、工资性薪酬包占比和人均服务占比。这就是华为公司在不同层面和部门的 KPI 设置与划分。

组织绩效考核的导向是牵引战略协同和实现年度经营目标，对象是直接承担战略责任的组织和流程的负责人，周期是年度考核，工具是平衡计分卡，要求是可进行第三方评估，应用是可进行奖金包生成和管理者调整。衡量绩效的方式是看能否创造价值，以及这些价值能否分下去。创造的价值如果不能下分，说明绩效考核指标没有实现 "压力传递" 的功能。组织绩效考核的作用有两个：一是生成奖金包，二是考核和调整管理者。不能考核后没有任何动作，该调整的要调整，否则考核就失去了作用。华为的三级目标管理包括底线目标、达标目标和挑战目标。底线是不能碰的，达标是指正常完成，挑战是指完成 120% 以上，华为鼓励有能力的部门跳一跳，完成率更高。完成挑战目标会得到比完成底线目标和达标目标多得多的奖金。增加挑战目标，是为了确保公司战略的实现。因为肯定有人完不成目标，所以需要超额完成目标的人来填补。

要避免"一刀切"式的考核，在产品生命周期的不同阶段，考核的方式也是不同的。第一个阶段（新产品导入期）考核收入、销售毛利以及进入采购名单。比如，在开拓土耳其这个空白市场时，开始时就只考核了是否进入采购名单。奖金来源可以是公司的战略补贴，如果未来做好了，相关人员会拿到更多的奖金。第二个阶段（成长期）的考核再加上利润和现金流。到了最后一个阶段（成熟期），产品的认同度已经比较高了，就要考核人均收入、人均毛利、人均利润等，把人逼出来做其他新产品或者做技术销售，100 人做的工作，减少到 50 人来做，减人增效。每个阶段都有不一样的要求，前提是我们的考核要匹配业务发展的阶段，千万不要一刀切。

华为真正成功的地方，就是把组织绩效管理得很好。组织考核相当于捡西瓜，个人考核相当于捡芝麻，要分清主次，千万不能"捡了芝麻，丢了西瓜"。

个人绩效管理

个人绩效考核的导向是牵引岗位 / 角色履行责任，对象是承担具体岗位/角色的管理者和员工（目标责任制员工），周期是年度考评、半年审视，工具是"个人业务承诺"（personal business commitment，PBC），要求是上级或相关周边上级主管收集考评依据，应用是奖金激励和岗位调整。个人绩效考核是考评，有考的部分也有评的部分。考评工具PBC中有结果性的承诺，也有关键举措的承诺，多在部门内部应用。某人应拿多少钱，是该升职还是该降职，由个人绩效决定。

举例来说，一个团队到田野种苹果树，组织绩效是收入和利润，个人绩效指标可能是虫害消除率，所以不能有虫害；考核指标可以是一吨苹果有多少虫害为合格线。同时，还要有另一个考核指标——农药残留物不能超标，要是超标，苹果卖不出去，虫害再少也不行，这些是关键的结果指标。

个人绩效的管理工具PBC有很多要求，但考核的目标一定要简单。原来做得好的，或者已经例行化的，就不用考核了。需要考核的内容一定是对组织非常重要的，而且是员工需要提升的。所以，华为从PBC里挑出一些公司非常关注的点进行考核。

华为所说考评，有一部分是考，还有一部分是评，没有纳入考核的部分就进行评，一定是被考评人职责范围内的东西。公司的内部合作也纳入评的范围，这样考核的好处是：第一，重点突出，导向非常明确，能够简化管理；第二，牵引员工全面履行责任；第三，鼓励员工适度跨界，只要对公司有好处，都可以跨界去做。就像足球场上的运动员，中场球员可以到前面去进球，也可以到后面回防，不画地为牢，前提是做好中场的本职工作。

有些西方人说，华为内部的职责划分不清楚，经常搞不清边界。华为的回答是，表面上看确实职责有点不清楚，因为华为不会让"球"丢了，所以不怕"抢球"，就怕球来了没人管，出现三不管地带，那样的话管理就会出现明显漏洞。考核是为了结果的实现，不是为了员工的方便，因此责任边界看似划得没那么清楚。本质上来说，组织和组织之间、部门和部门之间，责任是划不清楚的。管理者还要关注组织建设，这也是管理者的责任，也属于结果管理，包括个人能力提升和组织能力提升。

个人 KPI 设置不要搞成俄罗斯套娃。有个案例，是为药品销售连锁企业设计 KPI，涉及岗位有营业员、门店经理、区域经理，区域经理管着几十家药店，原来都考核营利指标——毛利，这就是俄罗斯套娃似的 KPI 设置方法，从上往下把毛利一层一层分解下去，管理者只要"逼债"就行了。但是这个指标是无效的，因为营业员不能对毛利负责，只能对成交量和销售额负责，否则营业员只向客户推销高毛利的药品，这是价值观出问题了。到门店买药的人 70% ~ 80% 都是老年人，属于价格敏感型客户，进来就向他们推荐高价药，客户就会全跑了，销售额目标也就无法达成。向低端客户卖低价药，向高端客户卖高价药，大量成交，营业员的销售额就上去了。门店经理要考核毛利，如果考核营业额，他只要在员工后面"抽鞭子"就行了，这是雁过拔毛，他们便成了企业中不创造价值的岗位。门店经理要考核毛利（出货价格减去进货价格就是毛利）、库存管理、产品结构管理、识别高端客户这样的指标。区域经理应该考核新开门店和落后门店盘活，他们要把优秀门店的经验复制到落后门店，帮扶其改善经营业绩，一手抓开拓，一手抓改善。要找到每个岗位的独特贡献，根据独特贡献考核员工。如果搞俄罗斯套娃似的考核，真正创造价值的就只有营业员了，其他人都变成了"寄生虫"和"躺赢阶层"，企业怎么可能搞得好。一家高效运转的企业中，每个人都要找到自己的独特价值，帮助企业提高效率。

绩效管理常见的问题

第一个问题，做绩效管理时没有业务的输入。很多公司没有战略规划和年度经营计划，没有想清楚明年的目标怎么定，策略是什么，仗怎么打，这时候做绩效管理，风险很大。绩效管理应该围绕公司战略和客户需求来做。

第二个问题，考核过程性指标，而不是结果性指标。因为过程性指标是不为结果负责的，往往虽然过程性指标都完成了，但结果没有达到。

第三个问题，职能部门的考核没有直接导向公司的商业成功，战略上的经营压力没有传递下去。比如，考评培训覆盖率、财务报表填写的及时性和准确性，其实这些是基础的本职工作。

第四个问题，很多企业更多重视个人绩效，而忽略了团队合作。

第五个问题，绩效方案的设计没有结合业务部门的发展计划。不同市场的格局是不一样的，有些是成熟的，有些是半成熟的，如果考核标准是一样的，那么这种考核根本没用。所以，华为内部常说：一区域、一策略、一考核、一计划。

第六个问题，部门的绩效目标与公司的绩效目标相互打架，而且只有绩效目标，没有实现路径。

第七个问题，部门没有奖金生成的机制。在有些公司，员工到年底才知道奖金规则。

第八个问题，绩效考核方案不能识别出奋斗者并给予其足够的激励，奖金分配方案强调公平而不是效率，不能让火车头加满油。

利出一孔

"利出一孔"就是收入应该来自一个统一来源，这样的话，员工的行为才可能趋向于企业的目标。这个思想最初出自管子，他的治国思想之一就是"利出一孔"。在现代社会市场经济环境下，人们获得利益的途径是多元化的，但是这种多元化的获利途径也使员工为组织奋斗的责任心和敬业度大打折扣。

华为从创业到今天，一直有一个规则：管理层和骨干层的收入只能来源于华为的工资、奖励、福利及股票等，不应该有其他收入来源。管理层和骨干层不能炒股，这是华为的纪律。这个纪律，实际上就是把管理层、骨干层的利益与公司的利益绑在一起。华为既然堵住了员工的其他收入来源，那么员工仅有的这个收入来源就应该有足够的补偿，高于其他收入来源的总和。华为员工的人均年薪已经接近美国的谷歌、英特尔、Facebook这些公司。"利出一孔"，至少应该让员工珍惜他们现在的岗位，珍惜他们现在的机会。

这里面还有一个问题：先有鸡还是先有蛋，先有高薪酬还是先有高绩效。假如员工知道企业收益不错，而薪酬水平一般，他们工作时能尽心尽力吗？关键是把利益分配好，把员工的积极性调动起来，让组织充满活力。越是薪酬高的人才，创造的效益就越多，这种投入的回报率实际上越高。

激励导向

华为的组织激励首先是把各种激励要素识别出来，这些激励要素包括劳动、知识、企业家、资本。对劳动的激励方式是标准化的，包括工资、奖金等，对生产线上的工人进行激励更多采用这种标准化方式。对其的考核也是绝对化的考核，员工的回报也是非常清楚的，干的越多获得的越多。知识通过创新提供解决方法和服务，对知识的激励可以采用工资、奖金，以及提供发展机会的方式。配股激励的方式适用于华为内部的"企业家"。企业家在华为主要是一群拥有企业家精神的人，华为有 8 万员工持股，这是一群有企业家精神的人，他们除了工资、奖金，还会获得公司的长期配股激励。配股成功后，股份就成了资本，股份拥有者也会享受资本收益。

华为在激励方面，把劳动、知识、企业家、资本这些要素均衡得比较好。特别强调一下，华为内部的"企业家"不仅指老板个人，还指有企业家精神的 8 万名员工，这些人会把个人的职业生涯与公司的长远发展统一起来。在一个企业里面，这样的人越多越好。我们经常评"劳模"那样极少数的人，华为评的是有使命感、有企业家精神的人，占 70% 以上，也就是说，"劳模"越多越好，不是越少越好。因为如果劳模是凤毛麟角，大家就会觉得什么事情都靠劳模去做，这样就会变成多数人孤立少数人，起不到引领大家的效果。但是，如果公司内部 60% ～ 70% 都是劳模，效果就不一样了。

工资激励是一种刚性激励。华为的激励体系还有一个特点：控制刚性，尽量压缩保健因素。工资一般是比较刚性的，级别高的人工资也高，但在华为工资是有弹性的，可以上下调整。工资的调整是根据贡献的大小，贡献大的人工资调上去，贡献小的人工资调下来。华为员工在客户价值创造中，打多大的"仗"，就享受多高的待遇。华为员工的工资跟着岗位走，级别上去了，才能拿到相应岗位的工资。就这样，把员工收入中刚性的部分控制住，减少保健因素，增加弹性，激励的效果会更好。弹性的激励方式更加有效，是因为从心理学上来解释，人性有个特点是怕失去，因为怕失去所以努力工作，弹性的激励方式会带来这种怕失去的氛围，而稳态是无法实现这种激励效果的。最好的激励不是员工得到了多少，也不是员工失去了多少，而是让员工永远保持一种怕失去的心理状态。以上这些就是华为对于工资这种激励方式的理解。不好的企业是这样的：六个人干五个人的活，发四个人的工资；好的企业是：三个人发四个人的工资，干五个人的活。

奖金激励应该做到快速见效。首先，拉开奖金的差距。部门与部门之间拉开奖金的差距是没有问题的，因为有的部门亏损，有的部门盈利。但是，如果在部门内部将奖金的差距拉得很大，会撕裂这个组织。我们打破平衡、拉开差距一定要搞清楚前提条件。不是什么情况下都毫无原则地拉开差距，要保证奖金的发放导向组织冲锋。其次，贡献与回报之间的关联要清晰可见。按道理来说，员工每天都想知道自己实现了多少绩效，最好下班时绩效工资就能到账。当然财务核算没那么快是个问题，但可以往这个方向优化。

蓝月亮有个销售对账系统，员工自己可以在系统中记录销售数量，然后财务会跟沃尔玛和家乐福等去对账，对账后一周之内促销员的酬劳就到账。滴滴出行也是一周到账。到账越快，员工的动力越强。现在很多绩效系统设置了很复杂的规则，让员工搞不清楚，如果员工搞不清楚绩效考核标准，就不会有动力工作。

简单来说，如果销售一件衣服提成 5 元，员工就会非常清晰地了解，就有动力去销售。否则就没动力，因为复杂的计算让他觉得奖金是一个虚无缥缈的东西。这背后是对奖金的理解：奖金都是激励，不是回报，没起到激励作用，就是白发。既然是激励，就要让员工尽量把奖金拿走，而不是担心他们拿到。很多企业都是到了年底员工才知道分多少钱，年底分钱的时候员工的行为已经产生，所以就没有牵引作用了，已经不是激励了。而且到了年底分钱的时候，每个人都会夸大自己的功劳。最好就是，年初的时候就把奖金规则说清楚，让员工用一年的时间挣奖金。在过程中去挣奖金，这样奖金对员工就有了牵引作用。奖金作为利益分配的方式，分的是将来，而不是现在。

长期激励能够打造事业共同体。如果一个企业只有短期激励而没有长期激励，这个企业的员工就会没有定力，以打工的心态工作，干一天算一天，干一年算一年。在华为，被识别为优秀员工的人，会被华为用长期激励的方式留住。一般来说，这些优秀员工如果在 3 年内没有离开华为，他们基本上就不会离开华为了，这就是华为长期激励的厉害之处。

现在华为有两种长期激励的方式：一种是时间单位计划（TUP），另一种是虚拟受限股。一些新员工没钱又很优秀，不用股权机制留住的话就很容易离开，所以华为为他们分配 TUP，让他们每年可以享受分红。因为每年分配 TUP，这些优秀的新员工在公司里干了几年后，就慢慢有钱了，然后华为就鼓励这些员工买虚拟授限股，把赚的钱又放回公司。这样的激励模式，既能让优秀员工赚到钱，又能把优秀员工留住。这些优秀员工 3 年后获得的长期激励越来越多，这时候要做出离开华为的决定已经非常不容易了。

上海一家企业招了一些科学家、博士搞化工产品的研究，投了很多钱，几年之后什么产品也没研发出来。分析原因，认为产品研发是个漫长的历程，而且要靠顶尖专家才能研发出来。这家企业后来设计了一个激励机制解决了这个问题。研发人员进行研发立项，公司投 400 万元，项目团队跟投 100 万元。如果产品研发成功，公司奖励研发项目团队 60 万元，在客户第一次使用产品时再奖励 40 万元，这时候研发项目团队能拿回所有 100 万元的投资。如果这个产品做到一定的规模，比如达到盈亏平衡点，公司再奖励项目团队 100 万元。这时候项目团队就会拿回去 200 万元，本钱还在，而且可以享受 3 年的分红，这就是长期激励。

非物质激励，就是设立一定的奖项、奖牌或荣誉称号，对获得认可的员工进行激励，特别是那些不能用结果直接激励的贡献行为，以满足员工精神层面的需要。《以奋斗者为本》这本书出版时，华为奖励了项目小组 100 万元，没把三个轮值 CEO 挂在前面，而是把贡献最多的人放在了前面，这就是以奋斗者为本的体现。

激励的方式就是企业与员工建立关系的方式。工资的特点是，反映岗位职责和贡献的市场价值，属于刚性运营成本和保健因素。调薪才是激励，这时候员工与企业之间建立的是一种价值交易的关系。奖金的特点是，激励超越责任和组织预期的短期贡献，与经济产出直接挂钩，组织内部需要建立的"奖金文化"应该是挣奖金而不是分奖金。在挣奖金的时候，员工与企业之间是价值共享的关系。长期贡献奖励的特点是，鼓励员工为公司的长期经营成果做出贡献，与公司共享长期经营成果所带来的收益，这时候员工与企业之间是利益共同体。股权激励的特点是，激发骨干员工的企业家精神，员工按投入资金比例分享经营收益，承担经营风险，与企业之间是事业共同体。股权激励可以让员工真正把企业当成自己生命的一部分。把这些人识别出来，给他们配股，可以让他们走得更远。我们要搞清楚，工资、奖金、长期贡献奖、股权激励用的地方不一样，用的方式不一样，目的也不一样。

激励对于华为来说是非常重要的。1997 年前后，任正非有两个大"忽悠"（专业的说法就是"愿景描绘"）。第一个"忽悠"是电信领域"三分天下有其一"，当时华为的利润只是爱立信的零头，大家居然都信了。第二个"忽悠"是，要员工买房子时客厅可以小一点，卧室可以小一点，但阳台要大一点，钱不要发霉了，要经常放在阳台上晒晒。老板一定是谋将来也布置将来，所以老板的工作本质上是在"赌"，相信老板的员工跟老板一起赌未来，未来是老板对员工最好的激励。真正成功的企业是很少的，企业的平均寿命为 2.4 年。在华为成功的同时，其实有很多企业倒在了半路上。企业家不是一个很容易的职业，它充满了挑战，充满了风险，充满了艰辛，走对了赚得盆满钵满，走错了倾家荡产。企业家在赌未来的不确定性时，如果拼了命，还要自己掏钱，那企业家精神是出不来的，因为不敢赌了。烧自己的钱肯定不行，银行的钱也不是很容易借，那就只剩下风投的钱了。所以说，风投培育了企业家精神。任正非最初自己没钱，银行也不给他钱，于是他通过配股向员工融资，员工经常奖金刚刚到手，很快就被华为"收回"去了，因为每年 70%[○] 的回报，大家都不想放弃，就这样每个人拼命想把华为做起来，因为只有把华为做起来，大家的日子才好过。华为通过配股这种激励方式，让员工"热血沸腾"，都认为自己是华为的主人。在中国改革开放的历史环境之下，华为让所有内部企业家当家作主，成为华为的主人，一起与公司通过担责、拼搏奋斗赢得未来。

整体薪酬包的结构

薪酬包包括工资包、奖金包、战略投入和战略补贴。工资包解决的是，各个企业、部门和业务配多少人、干多少活的问题，没有利润，也得有人干活。加薪的依据是，三个人干五个人的活，公司拿走一个人的工资，剩下一个人的工资分给这三个人。奖金包解决的是价值分配问题，共享多创造出来的价值，鼓励有

○　70% 为大概估算的数据，来自访谈的华为老员工。

能力的经营单位和个体不遗余力地发挥作用。战略投入和战略补贴解决的问题是，扶植战略性业务，避免战略失衡，确保业务均衡发展，既有碗里的，也有锅里的，还有田里的。

新员工刚来时什么活也不会干，所以华为有一个规定，新员工入职 6 个月以内的费用由公司出，这就是战略投入，新员工后续到了哪个部门，再由部门承担相关费用。华为公司级的项目由总裁挂帅，所有费用由公司出。一个产品线在初期不能创造价值、没有增值时，公司会通过战略补贴发奖金来稳定团队。战略补贴是在特定困难时期提供扶持，未来是要还给公司的。

华为的薪酬结构合理，会根据员工不同的发展阶段来设置，待遇也是不一样的。华为员工前三年的薪酬水平在业界平均水平的 75% 左右，因为刚来的员工不一定认同公司的文化，不知道能否和公司一路走下去。如果员工三年后离职了，正好减少一些培养成本；如果三年后没有离开，这些员工差不多是能够真正和华为一路走下去的，到后面他们会因为一些利益捆绑，越来越离不开华为。在华为，刚开始员工只有工资，工作一年之后开始有工资奖金，三年之后就有股票收益了，华为的员工越到后面获得的利益越多，这是通过利益捆绑成为共同体。从一个同路人变成同心人，再变成同德人，小胜靠智，大胜在德。"德"就是指能够按照事物的规律去做事情，产生好的结果。找到同德人，就能够给公司带来更大价值。不靠情怀，而是靠机制和利益，让同心同德的人团结起来创造价值，这就是华为激励体系的威力。

　　薪酬包能够实现组织规模的管控。华为的组织规模管控是一种弹性的管理机制，主要是自我管理和自我约束，员工的业绩有多大，薪酬包就有多大，这就决定了公司要招多少人。在这种弹性的配置下，业务做大了，薪酬包就增加，业务做小了，薪酬包跟着下来，组织规模也会随之变化。有的团队业绩上不去，薪酬包也就上不去，又不把不合格的人淘汰掉，就导致一些优秀的人得不到加薪。公司发现了这个问题，于是做了一件事情，每年发现优秀的人后，先不告诉主管，直接给这些人加薪，这下薪酬包就盖不住了，逼着一些主管必须开除一些不称职的人。

持续、整体地激励，确保有效性

　　人的欲望不会一下子增加，而是随着欲望的满足逐渐增加。举例来说，新员工的月工资从其他企业的三位数到了华为的四位数，开始很亢奋，但是过了两个月适应后就没感觉了，因为周围人的收入更高。企业在满足员工欲望的同时要不断激发员工新的欲望，让员工拥有更大的梦想，这样的激励才会持续起作用。

　　华为的做法是每个季度刺激一下员工。在华为，7月发奖金；11月左右让干得好的人升职；1月让升职的人加薪；4月，分红。4月分红的时候，每天只允许从公司账上转出30万元，要转几个星期，从而持续刺激。任正非曾经在华为大学讲话时说，在华为大学什么都可以讲，就是不可以讲佛，一讲佛，员工就无欲无求了，员工有欲望才能管理。华为招新员工，喜欢招"胸怀大志、一贫如洗"的人，比如从偏僻农村出来的名牌大学的毕业生，一心想改变家族的命运，希望到华为能实现人生的突破。很多企业学习华为的"狼性"，但是往往忽略了一点：狼行千里吃肉。华为喂的是肉，但很多企业喂的是骨头，最后狼都变成了狗。

任正非经常在华为讲，"物质文明巩固精神文明，精神文明促进物质文明"。华为在运营商、企业网这些领域赚钱比以前难了，现在主要的利润和增长来自手机业务。在业务转型的过程中，华为一直强调精神的力量，鼓励员工寻找突破。华为也经常提醒那些"先富裕起来的老员工"不能失去光荣传统，要保持"持续艰苦奋斗"的本色不变。华为这几年更多强调"精神文明促进物质文明"，前几十年是"物质文明巩固精神文明"。

华为整体激励的有效性设计，目标激励、末位淘汰等，全部围绕"怕失去"展开。华为配股，员工如果不买，他们就失去了70% 的回报；如果买了，身家性命都在里面，同样害怕失去。华为成功的秘诀是，减少员工手上的"流动性"。员工感觉自己很有钱，但又不是真有钱，账上财富在不断增加，但是兜儿里没有钱。就这样，买了公司的股份怕失去，不买也怕失去，公司每年把目标定得高高的，完不成就下课，完成了就会升职，升职后也怕失去。末位淘汰机制也是这样，干不了就下来。人在有欲望和恐惧的时候就会拼命去干，本质就是怕失去。如果企业的激励机制没有让员工产生怕失去的心理，就要思考一个问题：企业的激励机制有效吗？员工能安安心心地拿到钱，是不会产生动力的，更不会导向冲锋。

明确奖金来源和奖金分配

组织激励最后还是要把钱分给每个人，所以要搞清楚每个单位的奖金来源。比如，市场部门的奖金来自利润；研发中的基础研究不创造利润，奖金来自战略投入；研发中的其他部门，奖金来自新产品的收入，以及效率提升带来的收入；供应链和交付部门的奖金来源是成本的下降；人力资源部门的奖金来源是人力资本效益的提升；财务部门的奖金来源是资金的效益提升；工程项目组的奖金来源是预算的节省，例如，5000万元的预算省下来1000万元，多出来的1000万元可作为项目组的奖金包。搞清楚每个单位的奖金来源，再乘上一个经验系数。在历史数据的基础上，可以让大家稍微有所增加。

在华为，每个岗位都有一个级别，从13级一直到32级。每个岗位的考评成绩分为A、B+、B、C、D。完成挑战以上是A，110%左右完成目标是B+，刚好完成目标是B；90%左右完成目标是C，完成80%以下是D。打D的人是要淘汰掉的；打C的人没有奖金；打 B 的人理论上也应该没有奖金，因为刚好完成目标，只能拿工资。但如果每年只有 20% 多的人有奖金，大多数人没有奖金，不利于组织的团结和前进。一定要让大多数人都能够拿到奖金，这才是一种好的现象，所以打 B 的人也都有一定数量的奖金。

小　　结

员工工作的动机水平和积极性不是企业家能直接管理的。正确的方式是，用价值分配的确定性应对个人动机的不确定性，特别是在我们这个勤奋的民族以及这个改革开放的时代，企业要先把激励体系建设好，再谈理念以及各种先进的管理工具。不要尝试去激发员工的各种"高风亮节"和"无偿付出"。企业家不要用对自己的标准去要求普通员工，要充分理解人性的需求，用理性治理公司。

方向大致正确，组织充满活力，是华为的成功之道。敢于激励、会激励的组织，一定是充满活力的。"不让雷锋吃亏""以奋斗者为本"不是口号，华为系统地通过一定方法将其落地。华为清晰地定义了奋斗者，定义了价值的来源，构建了价值的评估和分配体系，并灵活运用兼顾短期利益和长期利益的合理分配机制留住奋斗者。

在运用这种机制的同时，确保"利出一孔"和"力出一孔"，组织激励的效果才能最大化。华为的价值体系建立在对人性的认知和接纳的基础之上。从个人来说，人性是自私和逐利的，而组织需要效率，好的价值体系必须同时满足人性需求和组织需求，华为的管理者很好地协同了二者，实现了产出最大化。

学习华为，要学习华为企业家对价值的认知、对人性的认知，面对客观现实，把员工当聪明人，敢分钱，会分钱，共享奋斗带来的丰硕成果。

用企业文化的确定性应对时代的不确定性

"形而上者谓之道，形而下者谓之器。"西方公司管理体系中，对于企业文化的管理非常重视，而且越来越重视。几乎所有成功的国际性公司，都有非常清晰的价值观、愿景和使命，而且会真正依此去引领整个公司前行。对于企业文化的管理，是当今中国企业家面临的最大挑战。

由西方管理科学方法论发展出来的企业文化体系，与西方文化一脉相承，怎么看都是"浑然天成"。对于中国企业家来说，如何将中国文化与西方科学管理体系"嫁接"，是近现代国人一直没能完美解决的问题。"中体西用"洋务派代表人物张之洞曾系统地阐述过，但它更多只是一个概念，企业家的使命是找到一条适合中国人的道路，将西方文明中的核心"科学体系赛先生"请到中国，帮助中国实现中华民族的伟大复兴。只有在知道了战略、流程、价值这些"器"之后，找到企业的"道"，企业家才能让企业基业长青。当今中国企业中，华为是在市场竞争的"道器之间"探索的一个代表，它在企业文化方面的实践是最值得中国企业学习的。任正非讲过："资源是会枯竭的，唯有文化才会生生不息。"学习华为，不仅要学习华为的管理和技术，更要学习华为企业家重视企业文化的企业家精神。

经过30多年的高速成长，华为已成为世界级的IT企业，中国企业竞相学习。许多企业家去华为学习，当知道任正非最初一个人创业，后来把99%的股份都分给了员工时，他们非常景仰任正非的格局和胸怀，但大部分人也就仅停留在景仰。企业家胸怀的背后，是他们对企业本质的认知水平和做人格局，所以可以说，企业家就是企业的玻璃天花板，或者说，企业家对企业本质的认知水平就是企业的玻璃天花板。

"阳光下没有新事物"，在历史长河中，价值观念、规则和技巧没有太多的改变，成功者遵循常识，并非杰出的思想创造杰出的企业，而是常识创造杰出的企业，杰出的企业家把这些常识用到极致，做到别人做不到的程度，这才是企业获得成功的原因；也并非某种突然出现的新思想推动了企业发展，而是企业家将一些常识，比如"按劳分配"，贯彻到了整个公司。企业家对常识的理解更深，而且知行合一。整个组织团结在这些常识的周围，就形成了稳固的价值观和文化。

时代的不确定性

任正非在《华为的冬天》中说："我们公司的太平时间太长了，在和平时期升的官太多了，这也许就是我们的灾难。"当一切都井井有条的时候，真正的危机就来临了。在企业家的世界里，不确定性是他们必须时时刻刻面对的挑战，成功的企业家都是善于和不确定性做朋友的弄潮儿。

企业家是社会中的一个杰出群体。在企业家的引领下，卡内基钢铁公司、美孚石油公司、摩根财团、通用电气、福特公司、IBM、迪士尼乐园、可口可乐、微软、苹果、特斯拉……从 19 世纪到 21 世纪，美国的这些杰出企业铸就了美国的国家精神和国家实力。企业家也是饱受怀疑、仇恨甚至道德上的谴责的一个群体，因为他们是革新者，是先行者。他们需要拥有极度坚韧的性格，使他们不至于遭受道德上和经济上的毁灭。企业家的坚韧、超出常人的远见和行动力，使他们赢得了顾客和员工的支持。没有其他的东西能帮助企业家跨越重重阻碍，所以他们得在生活中节制，讲究信用，精明能干，以及具有全心全意投身于事业的责任感。但企业家的这种创业精神和冒险精神，又在某种程度上让他们在政治、道德、经济层面，在企业发展的初级阶段面临各种挑战，被毁灭的风险很大。

企业家为了追逐不确定性，需要付出巨大代价。任正非在《我的父亲母亲》中说："回顾我自己已走过的历史，扪心自问，我一生无愧于祖国，无愧于人民，无愧于事业与员工，无愧于朋友，唯一有愧的是对不起父母，没条件时没有照顾他们，有条件时也没有照顾他们。"成为企业家，可以是任何一个人的梦想，不问学历，不问出身。成立一个公司，在今天变得日益简单，这为每个普通人提供了参与竞争和游戏的机会，只要竞争力够强，就能打败一个又一个对手，不断走向成功。

对于企业家而言，这是一个越来越好的时代，因为互联网、科技的发展给这个世界带来了越来越多的不确定性，从而也为企业家提供了越来越多的机会。两次世界大战改变了世界格局，"一战"时出现了军用飞机、坦克和大口径机枪，"二战"时出现了原子弹，"第三次世界大战"的战场转移到了经济领域。不需要通过战争争夺资源，通过经济贸易就能争夺到更多的资源，炮弹变成了产品，这是一场没有硝烟的战争。

国家之间的竞争也是产品的竞争，产品来自公司，美国靠一个"咬了一口的苹果"在智能手机市场占领先机。大部分国家间的竞争源于经济的竞争，而经济的竞争最终是公司和产品的竞争。在前两次世界大战中，我们至少能看到敌对的两大阵营，能看到战场上的敌人，而在经济领域的战场上，所有人都在参与市场竞争，有竞争也有合作，你中有我，我中有你，我们甚至不知道竞争对手在哪里，也不知道什么时候就会突然冒出一个颠覆性的产品。在这个不确定的时代里，认识和接受不确定性，进而驾驭不确定性，企业就能装配上"核动力"。

市场上的竞争如同球场上的竞争，高水平的球队会击败低水平的球队，竞争力强的公司会打败竞争力弱的公司。企业竞争力是企业的核心，企业行为都是围绕企业竞争力展开的。企业的竞争力会使企业面临一系列冲突。企业家认识和接受不确定性，就是从认识和接受这些冲突入手的。企业竞争力包括很多要素，比如产品、资金、人才、专利、政策支持力度、市场份额、品牌美誉度、企业文化、管理等，这些要素既相互促进，又相互矛盾。比如，资金是吸引人才和培养人才的保障，但是在人才上的投资又会减少资金储备；在专利上投入过多，就会影响现有产品的市场份额……这些矛盾和冲突会永远伴随着企业的成长，是企业家时时刻刻都需要思考的问题。

不同的企业家会思考不同的冲突。所有企业家都在处理企业内外的各种冲突和矛盾，高水平的企业家思考企业在竞争中的核心冲突，并将这些冲突中的能量进行"和平利用"。

企业内外的冲突是企业发展的根本动力。举例来说，在企业发展过程中，企业规模的扩张与控制都是企业需要的，但二者又是相互冲突的，表现在企业管理实践中的资源分配、战略选择等方方面面。企业家思考企业发展的时候，一方面会考虑企业需要扩张，另一方面又担心扩张如果失去控制，企业就会崩盘。盲目扩张导致企业崩盘的例子数不胜数，如何把握扩张与控制之间的度，这个问题没有固定答案，过度控制会导致企业失去快速增长的机会。扩张和控制在企业中是相辅相成的，控制会抑制扩张，安全的快才是真正的快，节奏感比速度重要。只有控制和扩张二者之间的作用力既对立又统一，才能帮助企业找准节奏。

华为的成功经验表明，企业要长期可持续发展，一是方向要大致正确，二是组织要充满活力。方向一致，动作协同，能使合作的力量最大化，但这种"军队式"的协调一致又会压抑人性，特别是很多员工并非训练有素，不一定能承受这种压力。在这个多元化的时代，不开心的员工是不会有高生产力的，所以同时强调组织要充满活力，方向只要大致正确。有句俗话，"一管就死，一放就乱"。"死"的组织、"乱"的组织，都不会给企业带来竞争力。"方向一致"和"充满活力"就是一对矛盾，"方向一致"代表了规范的力量，"充满活力"代表了生长的力量，企业家必须思考这对矛盾。

基业长青的企业，永远是"吃着碗里，看着锅里，想着田里"。对于企业家而言，要做好"短期"和"长期"之间的平衡，这也是为什么有人说管理企业是科学，有人说管理企业是艺术了。企业中对于"短期"和"长期"这对冲突的思考，体现在"对结果的追求""对市场的态度""对其他玩家的认知视角"和"公司内部治理"四个方面的核心冲突上。

如表 4-1 所示，企业的核心冲突体现在，在对结果的追求方面，是追求效率还是追求规模；在对市场的态度方面，是占领市场还是培育市场；在对其他玩家的认知视角方面，是以竞争为主还是以合作为主；在公司内部治理方面，是追求稳定还是追求发展。这些冲突并没有绝对正确的解决方案，在企业的不同发展阶段，以及不同策略和场景之下，任何一个选项都可以成为企业家的选择。水平高超的企业家，在心态上完全拥抱冲突，在技巧上善于因势利导，将这些企业的核心冲突转化为驱动企业向前的能量。这些核心冲突释放出来的能量，是企业管理中的"核能源"。

表 4-1　企业的核心冲突

核心冲突	短期	长期
对结果的追求	追求效率	追求规模
对市场的态度	占领市场	培育市场
对其他玩家的认知视角	以竞争为主	以合作为主
公司内部治理	追求稳定	追求发展

企业核心冲突之一：对结果的追求，是追求效率还是追求规模

当企业聚焦于利润时，效率会成为第一追求，为了完成精准的市场竞争控制，集权的管理模式比较匹配这一追求。当企业聚焦于市场份额时，会扩张得很快，在投资驱动下，规模会迅速壮大，这就必然存在分权的趋势，但往往效率又会下降。效率和规模产生冲突，在短期内激烈碰撞，但在长期发展中，规模化会带来高效率，只不过前提是组织管理需要优化和升级。

"深淘滩，低作堰"的设计准则带来了都江堰的"长治久安"。华为在发展过程中，很快建立了以竞争力的构建为优先任务的文化，确保了企业竞争力的持续提升。因此，华为一直对核心竞争力进行投入，这就是投资未来，也是对成长的理解。当年华为引入IBM做咨询顾问，几乎花费了一年的利润，而且在与IBM签约时，没有还一分钱的价，这是华为对咨询会带来价值的高度认可。同时，华为强调创新要"鲜花插在牛粪上"，倡导只能领先半步，不能领先三步，而且在研发上的投入要直接与营收建立关联。通信产业毛利率高，外企在中国市场追求利润最大化，这为华为提供了进入空间。华为最初是拼服务，占领外围市场，同时用心做研发，在质量上、性能上逐渐赶上了国外产品。华为苦练"内功"，最终用高质低价的产品不断蚕食外企竞品的市场份额，并走出国门，成长为电信设备厂商世界第一。

有着这样成长路径的民族企业，才是国家未来的希望。华为的实践证明，在研发、技术、管理变革上的持续投入是可以带来市场份额和效益的，而且可以用销售毛利率来量化描述，体现在利润表上。华为在处理成长和利润这对矛盾时，并没有盲目，而是很坚决。在不断提升产品研发实力的同时，华为利用服务等优势占领市场，获得利润，当时机成熟时大手笔引入西方先进管理经验，而且一做到底，必须见效。很多企业在追求利润时，牺牲企业的未来成长，分配不足导致军心涣散，最后盛极而衰。有的企业在追求成长时，不够坚决，"一脚刹车，一脚油门"，花大价钱引入管理工具，却又不能持续做，保证落地，最终功亏一篑。这些失败的企业在某种程度上都是被长期收益和短期收益撕裂的企业。

华为考虑的成长是持续的，常态化的管理变革靠研发和管理来释放潜能，还可以发挥本土化优势。测算后发现，华为在销售毛利率上比爱立信高，也就是说，在保证价格优势的前提下，华为依靠成本优势，获得了比爱立信更多的利润。美国市场不让华为进入，所以爱立信在美国市场可以维持高价。欧洲市场上由于有华为和中兴存在，使得竞争更充分，价格更低，最终客户受益。持续的成长为华为带来了持续的利润，一个是"面子"，一个是"里子"，谁也离不开谁。研发投入高使得华为的产品性能更好，成本更低，在市场上更有竞争力。获得更高的毛利，可以保证华为有足够的研发投入、战略和管理投入、IT 和变革投入，从而使华为有了更大的增长空间。企业的成长一定要也一定会带来企业竞争力的提升，而且会表现在利润上。长期收益和短期收益都是需要的，不能割裂开来看，而且二者之间还要相互验证。

在华为，有个基本原则：如果控制不住，宁可不扩张，即追求有利润的增长，也就是有效增长。企业的扩张冲动是天然的，这是每个企业的内在动力。当从创业期走向发展期，企业已经初步在市场上印证了自己的商业模式，这时的扩张冲动可能会非常强烈，当然也十分必要。如何处理好扩张与控制这对矛盾，对于企业家来说非常重要。华为一直说自己是战略聚焦的，在整个增长过程中，公司一直被牵引在主航道上。

华为的扩张一直没有偏离过主航道，虽然华为的业务领域从运营商到企业网，后来又到手机，但没有偏离过 IT 行业这个主航道。公司的愿景、使命、价值观以及战略，都是对扩张的制约和控制。纯粹为了利润和市场份额的扩张，是盲目和危险的。华为在开拓欧洲市场时，先使用饱和攻击去争取市场，只考核销售额，不考核利润。当一些欧洲市场被打开后，公司就开始考核利润，这就是扩张之后的控制。后来任正非发现，有些暂未打下的市场也开始考核利润，他立即修正，明确指示那些刚进入的市场仍然只考核销售额。只有有节奏地扩张和控制，才能保证公司未来在市场上打到更多粮食。

创造分权制的美国通用汽车公司原总裁艾尔弗雷德·斯隆，在《我在通用汽车的岁月》一书中重提分权制的两条设计原则时说，这两条原则在文字上是矛盾的，它一方面强调"每个事业单位总经理的责任应该不受限制"，另一方面坚持"适度控制是绝对必要的"。在分权制下，公司总裁主要负责战略和政策制定，事业部总经理主要负责竞争对策和盈利；公司总裁不管日常运营，只集中考虑企业的发展大计，事业部总经理则深入市场竞争和经营管理的细节，追逐利润，追求效率，快速响应客户需求。分权制是一种上下相悖的机制，它将直线职能主管的两难困境适当分离。直线职能制是一种上下一致的集权机制，战略制定与执行的职责集于一身，长远目标与短期目标的实现系于一人，这种集权的管理方式显然在短期内效率非常高，战斗力很强。但有时候这种组织的一致性并不能确保结果的一致性，相反会顾了短期，丢了长远，注重了效率，忽略了市场空间。原因是直线职能主管处于一种两难境地，既要管方向，又要管效益；既要管过程，又要管结果，难免顾此失彼。很多人认为华为是集权制的管理，任正非就是集权制的象征。其实华为的发展是一个从集权到分权的历程，最后任正非的角色就是精神领袖。分权的同时又不失控，是华为成功的保证。也就是，具体的工作分配下去，同时这些工作（包括战略规划在内）又在统一流程的控制之下，而控制是为了导向协同和集体冲锋，保证力出一孔。集权和分权的组合，以及其间的相互矛盾和相互作用，让华为实现了"方向大致正确，组织充满活力"的目标。

企业核心冲突之二：对市场的态度，是占领市场还是培育市场

做市场就是分蛋糕，是先把蛋糕做大，还是先争取多分一点蛋糕，永远没有唯一正确的答案。在企业内部，占领市场和培育市场的冲突体现在多个方面。聚焦对准了多分蛋糕，多元化对准了把蛋糕做大；产品从客户需求出发就是占领市场，通过技术领先超越客户期望从而实现产品升级就是培育市场；通过市场机会的驱动，"短平快"地实现现金回笼是立足于当下，通过投资高举高打实现战略落地就是面向未来。

资源相对稀缺时，聚焦是成功的前提，是必需的，但企业内

在要有多元化的冲动。奋斗者都把自己的方案交到领导手里，领导如何取舍？战略的本质就是做取舍，任正非说过，战略的关键是略，没有舍弃就没有战略，战略后的聚焦，才能带来压强投入，厚积薄发。"局部集中优势兵力，歼灭敌人"，这是战斗制胜的法宝。但是战场是很多的，能打的粮食也很多。华为这么多年来只做通信产品，但是从 to B 产品到 to C 产品的成功也是多元化的结果。

华为始终明确不做自己不熟悉的产业，比如华为从不涉足房地产，即使华为在海外有众多代表处，但华为的自有房产也屈指可数。华为从一个做代理的贸易公司，到成为中国最大的 IT 公司，再后来成为一个全球化的公司，它对人才的需求也越来越多元化，因此配套的人才策略也是多元化的，所以说，企业文化的多元化和业务的多元化并不太相关。企业不会自发地变强，企业家往往要控制企业内部的多元化冲动，因为市场机会多，诱惑也多。企业也存在学习曲线和组织智慧的持续沉淀，多元化是组织智慧沉淀的天敌。多元化的企业，往往会失去对核心竞争力持续提升的耐心，不小心就会走向机会主义。这样，"寒冬"来临时，企业的"抗冻"能力就会比较弱。聚焦战略会高度集中组织中人的能力，使其保持一致性，但是部分人的心理能量无法得到完全释放，要么多元化，要么走人。这是聚焦战略和人才战略之间的内在矛盾，也是企业家面临的困境。企业的竞争策略就是领先策略，聚焦就是为了领先，领先是生存的必要条件。局部领先或者细分市场领先，都是可行的战术选择。

　　华为强调，战略资源不应该消耗在非战略机会点上，战略目标必须拿下。很多时候，客户也会引发企业业务多元化的冲动。没有经验的销售拿到一个客户需求后，会积极地引导公司资源满足客户需求，从而使公司的投入变得分散。华为的成功之道是"以客户为中心，以奋斗者为本"，上面的错误是，把"客户导向"等同于"销售导向"。华为的解决方案是，把研发和区域切分开，研发是一个独立的模块。因为研发若跟区域捆在一起，就是去满足低端客户需求，影响战略聚焦。优质资源向优质客户倾斜，要放弃一部分低端客户，这也是战略性的"舍"。没有公司会在所有领域都做到世界领先，它可能会收缩在某一块领域，所以非主航道的领域交不出足够的利润时，就要缩减该领域。

　　客户需求是多元化的，华为以客户为中心的端到端流程，在服务上去匹配客户多元化的需求，而且在产品上，从核心网、传输、接入到终端，从硬件到软件，可以有竞争力地满足不同客户和市场的要求。聚焦不能让企业僵化，华为的方法是：解决战略聚焦和分散风险的矛盾，研究上分散，商业上聚焦。华为在产品和新技术的研发上更加分散，但是这种分散是有边界的，是围绕着主方向的分散，解决路径的分散，分散是为了更好地聚焦目标。

　　在华为，技术研究和早期技术实验等产品研发前期投入占比超过年收入的10%。华为以各领域分散的技术研究和逐年加大的新技术研究投入，确保后面的开发能够聚焦主航道，从而获得商业成功。聚焦的目的是增强核心能力，多元化的目的是打开增长空间。如果增长空间是主要矛盾，就要通过多元化去打开空间；如果增长空间不是主要矛盾，增长空间很大，那能力问题就是主要矛盾，要不断地去增强核心能力，这就是聚焦。

华为强调以客户为中心，不仅是因为市场驱动，更是企业长远的生存之道。同时，客户导向的理念不是简单地满足客户眼前的需求，而是深刻洞察客户深层次的、未来的需求，为客户提供价值。华为拥有很强的技术背景，有 8 万多研发人员，在长期的发展中，广泛吸收电子信息领域的最新研究成果，虚心向国外优秀企业学习，并在独立自主的基础上实施开放合作，建立核心技术方面的领先优势，从实践上来说，华为的技术积累是世界领先的。

但是现实世界中，技术领先却倒下的企业比比皆是。陨落的主角之一朗讯科技公司，于 1996 年从美国电话电报公司独立出来，1999 年公司的股票价格蹿升到初始股价格的 9 倍。1999 年 11 月朗讯公布了令它自豪的 1999 年财报，但随后朗讯股票价格就下跌了其峰值时的 90%。曾一度被推崇为市场领先者的朗讯，竟然在短短几个月内沦落为本行业的二流公司，并险些落入破产的困境。虽然朗讯培育出了 12 位诺贝尔奖得主，但最终却不得不接受衰败的命运。还有，1993 年摩托罗拉实施"铱星计划"，2000 年"铱星计划"破产，直接损失 50 多亿美元。铱星在技术上可能代表了当时最高的科技水平，唯一的缺点是由于话费昂贵，导致用户稀少。"铱星计划"的破产拖垮了摩托罗拉。行业对于摩托罗拉的分析是，"铱星计划"的失败表面是决策失误，本质是"对客户需求反应迟钝"，忽视了客户，唯技术论。

这是很多高科技公司失败的原因。技术本身不错，但如果技术偏离了客户需求，技术越领先，企业死得越快。华为也遇到过这样的情况。同样是在 2001 ～ 2003 年 IT 泡沫破灭期间，很多超前的技术和产品卖不掉，风险投资收不回钱，银行收不回贷款，股市一落千丈。华为以前要追随的很多榜样公司开始"过冬"。一下子，华为 2 万人的队伍找不到方向打仗，担心坐吃山空，很多骨干纷纷离开公司或者到外面去创业，带着公司的部分精锐力量和华为对着干，再加上国内市场萎缩，华为不得不两面作战，疲于应对。

究其原因，华为当时从没有技术到技术崇拜，脱离了市场，产品在国内市场滞销，在国外，两次在美国通信公司竞标中遭到淘汰。2002 年，华为的销售额由 255 亿元下降到 221 亿元，减少了 34 亿元，历史上第一次出现衰退，濒临崩溃的边缘。市场形势好往往会掩盖问题，一旦市场下行，问题就会暴露出来，盲目的"技术导向"会引导企业走向歧途。企业很容易偏离"以客户为中心"，"客户导向"无法自发成为企业内部上上下下的自觉行为，这也是一种常识和本能。因为企业内部的职能是分割开的，考核的指标各不相同。企业满足客户的需求，客户给予回报，企业获得效益。企业家和企业是一体的，通过利他来利己，但是企业中并非每个人都能站在企业家的高度看问题，这是视野和视角的问题，这样会使企业偏离以客户为中心。

就企业内部岗位来说，企业目标的实现和个人利益的实现之间并没有建立起直接的联系。在这种情况下，员工通常是减少自己的投入来实现自己利益的最大化，而不是增加自己的投入来实现企业利益的最大化，这个问题是在挑战企业考核体系和人力资源制度。在企业初创阶段，每个人都被生存目标所激励，客户导向是"活下来"的必要条件。企业大了，进入成长阶段，有了战略要求，客户导向会被各种价值观冲击。随着企业规模的扩大，以客户为中心开始淡化，一是因为企业规模大了以后，在行业中的话语权增加，不再那么虚心地听取客户的意见；二是因为企业规模大了以后，内部分工进一步细化，很多岗位逐渐远离市场，感受不到市场压力，导致对客户需求越来越淡漠。

建立以客户为中心的管理体系，是对企业家的第一大挑战。华为是这样做的：直接与客户接触的岗位，用奖金激励来把利益与个人挂钩；内部间接接触客户的岗位，划小核算单位，用管理会计概念中的利润中心定位内部单位的利润概念，并且在此基础上建立基于利润中心的激励方案和核算方案。举例来说，华为的产品线没有销售功能，也没有采购功能，具体的做法是，重新定义产品线的利润，比如产品线的贡献毛利（就是产品线的销售毛利，扣除产品线研发费用、产品线管理费用之后，给公司的毛利净贡献），将它作为产品线奖励激励计划的主要依据。通过这样的手段，激励产品线降低成本，缩短上市周期，把产品做得更符合客户的需求，更有竞争力。

公司总体战略决定各个产品线的业务目标，具体怎么做由产品线自己决定，并按照年终目标达成情况进行奖惩。华为通过上面的激励机制把产品线激活，让组织充满活力。服务、供应链与制造、采购大平台也有类似的指标，这样就可以把内部激活，发挥平台优势。商业机会出现以后，资源整合和资源配置速度特别快，能够让准利润中心像利润中心一样运作。所以说，实现客户导向，不是口号宣传，而是把每个岗位的利益和客户的需求直接联系起来，推动所有人"以客户为中心"来实现自己的个人利益。但是目前的竞争环境下，很可能客户并不"专业"，他们并不知道自己想要什么。索尼的随身听、苹果的 iPhone，这些产品并不是通过市场调研设计出来的。

这又向企业家提出了新的挑战，即不能盲目追随客户端的要求。如果企业只是想做追随者，而不是行业领导者，那只要紧跟行业标杆和客户需求就行了；如果企业想做行业领导者，那么就需要在技术上领先半步，做出下一代产品，引导客户的需求。引领科技发展和满足客户需求看起来是一致的，但对于企业的管理实践来说，它们带来的往往是冲突，通俗来说就是企业内"谁是老大"的问题。这里的冲突在于，客户"用脚投票"的埋单动机和行为是不确定的，他们并不会因为你的产品在科技上足够先进而埋单，也不会因为你足够重视他们而埋单，他们只为自己的需求埋单。在科技和客户两方面完美结合的产品，一定是成功的产品，它会横扫市场，并让企业获得丰厚的回报。

成功的企业家必须追求驾驭不确定性，也就是说，他们不会等到所有事情确定了、明确了，才去行动，那样就太晚了，你的对手也许已经走在前面了。有企业家说，当某件事情已经确定了70%的时候，这件事情已经不值得做了，就是这个意思。因此，企业家往往会不顾手中的资源限制，追求市场机会。以前华为内部的研发和销售部门经常"打架"，因为销售部门经常过分承诺客户，当客户提出某个需求时，销售部门根本不做任何调研或者与研发部门商量，就直接承诺，然后倒逼研发部门去实现，这就是不顾手中资源，追求市场机会。

一个企业在创业阶段，没有资源，没有品牌，没有产品，想要追求成功，就不能过于保守，见到市场机会，不顾一切地去把握机会，放手一搏，这就是机会牵引成功。但当企业进入发展阶段，企业家就有机会喘口气，从而会有不同考虑，是仍然通过机会牵引，还是通过资源的利用和配置来驱动，这个矛盾就凸显出来。当企业逐步积累了资源，手中有了筹码，如何进行资源布局，战略性地规划资源，实现企业的长期持续发展，就是企业家需要思考的问题了，这时机会牵引和资源驱动都要考虑。企业在创业阶段和发展阶段的根本区别是，在创业阶段，企业是以生存为导向的，是机会主义的，而在发展阶段，企业是以成长为导向的，由愿景和使命驱动的。

如果纯粹由机会牵引和驱动，那么这个企业就还没有脱离创业阶段，没有找到自身的定位和使命。当企业家开始思考企业的愿景、使命等问题，并有流程去进行战略规划时，企业才真正进入发展阶段。机会牵引和资源驱动的矛盾会出现在战略规划中。离客户端近的人，其本能直觉是机会牵引；离产品研发和技术端近的人，其本能直觉是资源驱动。在企业中，驱动点就是资源投放点，机会牵引和资源驱动的争论点就是资源。但无论是机会牵引还是资源驱动，都是为了实现以客户为中心这个目标，提升企业短期和长期的竞争力。

企业核心冲突之三：对其他玩家的认知视角，是以竞争为主还是以合作为主

任何企业都在一个开放的系统中生存，企业对于竞争合作的思考和认知，会影响企业在市场中的竞争格局。每年华为会大量向美、日、韩等国的公司采购关键器件，比如处理器、内存、闪存、模拟和数字芯片，还包括芯片设计的软件、操作系统、数据库软件等，不是所有的产品都由自己开发，即使在某些领域华为有可能拥有这样的能力。华为认为自己需要与包括美国公司在内的国际公司合作，但也认识到华为在发展的过程中已经威胁到美国的利益，竞争在所难免。华为与很多美国公司同时存在竞争和合作关系，这二者的矛盾和统一是华为的企业家需要长期思考

的。华为清晰地描述了自己的使命和愿景，并在主航道上聚焦，在非主航道的领域必须主动构建和参与健康产业链，扶持和依赖其他公司，共同为客户创造最大价值。

所有合作的前提，是双方认可对方的价值，因此华为必须有竞争力，有自己的核心技术，在某些领域成为世界级的独家供应商。柳传志以前说过，"羊和狼没有合作的可能性"，竞争力是合作的基础，合作是为了更好地竞争，谁是"敌"，谁是"友"，如何"化敌为友"，企业只有想明白了，才能在市场上如鱼得水。克劳塞维茨在《战争论》中说，战争最终的目的是和平，这就是大战略。企业竞争的最终目的是形成自己和整个产业、整个生态和谐发展的最佳状态，这是华为对竞争和合作的理解。竞争是为了更好地合作，竞争是战术，合作是战略。

企业核心冲突之四：公司内部治理，是追求稳定还是追求发展

企业家对于企业的梦想和期望，就是希望它是一艘能高速航行的航空母舰，它能快速到达大海的任何一个地方，还能让舰上的人如履平地。稳定和发展是企业家都想要的，也是相互冲突的。传承让企业在组织文化和智慧的保护下稳定航行，创新又能给企业带来勃勃生机。企业的系统能让企业稳定发展，灵活的管理模式能释放人的潜能。企业中对于资本的管理是理性的，也是稳定的，但人才才是企业发展的潜能和源泉。

华为的创新之道，是"鲜花插在牛粪上"，强调创新以继承

为基础，不脱离现有基础。鲜花插在牛粪上，鲜花开败了以后，又可以融入牛粪滋养新的鲜花。企业积累和沉淀下来的组织智慧，成为未来创新的土壤，而且企业创新必须是在这片土壤上。互联网世界的创新已经被吹捧得很厉害了，很多企业家都在等待一项新技术救他们于水火之中，做着暴走上市的梦。华为的思维方式正好相反，它把继承放在创新前面。

创新就是为客户创造新的价值。创新不是创造出一个新产品，也不是创造出一项新技术，这些都是狭隘的创新理念。对于企业这个商业组织来说，为客户创造新的价值，自己获得相应的回报，形成闭环，这才是真正的创新。在华为，研究的职能和开发的职能是分开的。开发带来的创新是确定的、可预见的，要实现客户价值；研究带来的创新是不确定的、无法预见的，更注重开拓。这样的分离，使得华为一方面在继承的基础上创新，实现客户价值；另一方面又能不断发明专利，积累科技企业竞争力。

华为起草《华为基本法》，实际上是要把过去创业过程中的灵活理念、成功理念，系统地总结成一个文件。《华为基本法》的意义在于，同一件事，在一段时间内，无论负责人如何更换，做事的方法还是同一套，这就是规范性。在 IBM 的指导下，华为进行了五大体系的变革，持续了四年。项目结束后，华为仍在持续变革。流程化会带来僵化、官僚化的问题，这在西方公司也非常普遍。流程在提高效率的同时也在降低效率，所以需要适度引入灵活性，特别是要在前端客户端——不确定性的一端，引入更大的灵活性，给予一线更大的授权，这也是一对矛盾，是一个尺度把握问题。通过一些研究发现，华为的规范性集中在中间层，在理念和精神层面，华为讲究系统开放、灰度和耗散，与世界同步。

《华为基本法》界定了华为的企业愿景、使命和价值观，它看上去是规范，其实是定义了灵活性的起点。它让华为具备了更大的灵活性，带来了 to B 端和 to C 端的同时成功，这在全球 IT 界是绝无仅有的。下一步，华为还要进入汽车领域，将成功经验继续复制。华为的规范性更多体现在流程上，包括战略规划和管理本身。在华为，变革本身也是一个流程。流程就是做事的规范，它让庞大的华为在做事的层面有规可循。到了区域一线和客户界面，华为是非常灵活的，华为致力于让"组织充满活力"，灵活也是活力的体现。一线呼唤炮火，在听得见炮声的地方做决策，这些都是赋予一线的权力，也是华为灵活性的体现。但华为也强调呼唤炮火的成本，这是对灵活的规范。

华为还强调少将、连长的概念，以及小分队的工作机制，这是华为赋予基层的权力，它们提升了组织的灵活性。斯隆在《我在通用汽车的岁月》中讲了如下一段内容。

在通用汽车 1918～1920 年的大膨胀时期，物质和规范之间的巨大差异让我深深地感到震惊：通用汽车的物质得到了极大的丰富，但是几乎没有什么规范。我逐渐相信，除非经过精心地组织，否则公司很难继续成长，甚至难以生存。但是很明显，当时没有人对这个问题给予应有的注意……我于 1918 年 12 月 31 日被任命为一个委员会的主席，这个委员会的任务就是"形成适合事业部间业务往来的规则和规定"……

斯隆在书中摘录了部分报告的内容：

抽象地说，任何业务产生的利润并不能作为衡量该业务价值的真正标准。一个年盈利 10 万美元的项目，只要它能够证明自己在扩张，并且充分利用了它能够有效利用的资本，它就是一个盈利性非常好的项目。相反，即使一个年盈利 1000 万美元的项目也有可能是一个盈利性很差的项目——不仅不值得扩张，甚至还可能需要清算，除非它能获得更高的利润回报。因此，并不是利润数额，而是业务的利润和与其占有的投资资金之间的关系才是其中的关键。在进行规划的时候，只有充分认识这些原则，才能避免不合逻辑、不健全的结果……通用汽车在其发展的历程中，也遇到过这样的走向规范化的时刻。

可见，任何企业在从初创到成为行业领导者的发展历程中，都会经历从灵活到规范，进一步发展到规范下的灵活，让大象能够跳舞，让企业规模的增长与企业效率的增长同步，实现企业竞争力的持续提升。从灵活到规范是否定，再次实现规范下的灵活，是否定之否定。企业其他的矛盾也一样，其发展和演化都符合辩证法的规律，企业家要想研究企业内外部矛盾，可以好好学习一下辩证法。

企业中有价值的交付结果有两个不可或缺的要素，那就是资源和时间。资源来自资本，时间来自人。也就是说，资本和人共同创造了财富。对于企业家而言，资本和人在企业运营中是不可或缺的。企业家对于资本和人之间关系的思考，决定了企业的价值分配原则。企业利润是必须要分配的，谁创造了价值就应该分配给谁，这样才能导向企业高速发展，这些都受企业家的思考的影响，也决定了企业未来的发展方向。

华为认为，组织智慧、企业家和资本共同创造了公司的全部价值。华为组织智慧的主体是通过实践创造的，知识产权、科学论文、顾问知识并非华为智慧的主题，员工创造的知识才是主要的。在价值创造中，华为认为企业中的人是主要的，普通员工和企业家都一样，而资本处于相对次要的位置，华为没有上市，股权结构中没有外部股权。华为的按资分配和按劳分配，就是按贡献来分配，企业家和员工按贡献分配，而不是按资分配。所以说，华为的股权结构，并非来自任正非的高风亮节，而是来自任正非本人对于资本和人之间关系的思考，他认为唯有人才是价值的创造者，自然应该把创造的价值分享给每个人。

　　华为的全员持股与很多外企的员工持股表面上很像，但其实背后的逻辑和价值观是迥然不同的。企业家不必为难自己学习华为散尽股份，但一定要思考"谁创造了价值"这个问题，确保创造和分配的方向协同一致。外资企业和咨询公司培养了不少职业经理人，他们是企业管理领域中理性的象征，而陪伴企业从创业开始成长的初创者们，对企业充满了感情。企业家经常会感到困扰，未来企业发展到底应该依靠谁。

　　马云曾经说，职业经理人跟企业家的差别，就好比大家都上山去打野猪，如果职业经理人开枪之后，野猪没被打死，冲了过来，职业经理人会把枪一扔就跑了，而如果是企业家的话，看到野猪冲过来，他会拿起柴刀冲上去。真正的企业家是没有畏惧的，他们不是被培训出来的，他们是从商海里一路打拼过来的。马云给出了自己的答案，他选择重新信任跟随他创业的十八罗汉。但创业者们终将老去，第二代接班人必须成长起来。每个企业家都希望自己的基业长青，超越自己的年龄和人生而存在。

　　也就是说，自己的企业迟早会交给他人，如果这个企业活得够长。公司发展的历史上，一个重要的里程碑是所有权和经营权分离。经营权分离出来后交给谁？显而易见，大家都希望交给专业人士，而不是一个庸才。精英和普通员工都是公司职员，精英只是更加专业的职员而已，自从斯隆把自己的公司卖给通用汽车，成为历史上的第一个职业经理人以来，把公司交给职业经理人打理就成为潮流。即便在华尔街闹出众多丑闻之后，世界上的主要公司仍然掌握在职业经理人手中。对于企业家来说，"又红又专"的人是他们最满意的人才，但这又是相对的。"职业经理人"和"初创者"都是企业的一分子，只是他们专业不同，分工不同，诉求也不同。流水的"职业经理人"和铁打的"初创者"会有利益上的冲突，这些冲突又会推动组织结构的发展。

在外企，做员工满意度调查很常见，在华为，则要很谨慎地做员工满意度调查，因为他们认为让客户满意才是最重要的，奋斗者是完成使命的中坚力量。任正非否认华为提出了"狼性文化"，只承认提出了"狼狈计划"倡导合作。奋斗者，是华为在精英和普通员工之间找到的那个平衡点。企业思考精英和普通员工的价值本质，其结果就会体现在如何建立信任和如何授权上。就这样，在人和资本之间确立了人的首要位置后，继续根据华为的价值观，对不同的人进一步进行了分类，为价值分配体系奠定了基石。这是个长期的问题，制度化地解决这个问题，并持续变革，才是企业发展之道。

文化和价值观的确定性

管理哲学并非深奥的理论，它是企业家对企业现象反思后的深度洞察。辩证法也不过是认识企业发展规律的一个工具而已，对企业现象认识越深刻，权衡和管理企业基本矛盾的能力就越强，这些与学历、阅历等都无关，而是来自企业家的观察、学习和思考。在这之后，企业发现规律，承认规律，并按照规律办事，这就是用文化和价值观的确定性来应对时代的不确定性。

随着企业的成长，企业现象会越来越复杂。在一个少于 150 人的企业中，员工之间大多相互认识，也容易相互信任。当组织规模超过 150 人以后，可能你需要通过一个你并不认识的人来实现你的目标，这时就需要引入系统和流程，实现信息化管理等。领导力、管理、专业性，各种支持部门被建立，各种工具被引入，企业现象变得越来越复杂。企业家需要化繁为简，透过企业现象看本质。

企业家透过企业现象看本质

由于企业的经营水平不同，因此其规模、业务收入、利润现金流都会产生差别，这是量上的差别。企业家和员工奋斗不止才会推动企业不断成长，当企业在规模、利润上增长到一定限度时，企业会发生质的飞跃，企业家抓住这个机会，实现企业的蜕变，让企业上升到更高的层次后，企业会以全新的面貌出现在市场上。华为的发展史，就是几次从量变到质变的蜕变史，也是不断设定自我规范，然后通过发展突破规范的过程。在企业的发展历程中，企业家要不断地审时度势。当企业的飞跃式发展发生质变时，会反过来推动企业家升级自己的认知，跟随企业发展的步伐，并通过变革改变企业的质。当年任正非之所以去美国的 IBM

学习，就是因为当时华为的发展已经到了一个拐点，必须发生质变。华为顺势而为，拜IBM为师，启动了企业变革，后续一直处于持续变革的状态，并且将战略规划与组织变革相结合。

从企业现象来看，很多策略似乎是摇摆的。有时企业会关注规范，比如国内不少公司建立合规制度，一方面，这是政策环境的要求；另一方面，中国很多企业已经度过了最初阶段的粗放式发展，需要通过规则来进行内部整治和效率提升。有时企业会关注灵活性，启动敏捷变革；有时企业会裁员，精兵简政；有时企业又会迅速扩张，新增很多岗位。这些管理决策都是为了推动组织进化。从辩证法的角度来说，这是企业发展的否定之否定，企业在这个自我否定的过程中螺旋式上升。

在企业发展中，组织的财富和智慧在不断积累，到一定时候，企业认知就会发生量变到质变，企业抓住机遇会实现质上的飞跃。企业实现质变的这个拐点，也是企业发展的瓶颈，企业只有突破瓶颈，才能实现有效增长。

创业是企业发展的第一个阶段，成长是第二个阶段，企业由创业走向成长，由感性的机会主义走向理性的自由王国。成长是企业家对"创业"进行的哲学意义上的否定，是辩证法上的扬弃，它保留本质，排除非本质，使企业获得新生。理解扬弃，搞清楚企业本质，找到企业从创业走向成长的路径，可以消除很多企业家的痛苦。《华为基本法》里对此有明确的表述：追求一定利润率水平上成长的最大化。到了《人力资源管理纲要2.0》，华为重新确认了《华为基本法》的命题，而且指出人力资本增长的目标优先于财务资本增长的目标。因为在 AI 时代，对于人才的争夺日益突出、日益激烈，根据统计数据，20% 的人创造了 80% 的价值，进一步变成了 10% 的人创造了 90% 的财富。

企业家的认知发展

企业家对管理的认识，是从简单到复杂的过程。开始的时候，企业是个孤岛。初创企业时，企业家心里想的全是企业和让企业"活下去"，不采用机会主义也不行。随着企业的发展，企业家的认识也在深化，逐渐从用孤立的方式发展企业成长为在普遍联系中认知企业。普遍联系包括：与产业链上下游合作伙伴的关系，与竞争对手之间的关系，与政治、经济大环境的关系，国际化的企业还要考虑各个国家的政府、法律、法规之间的关系，这就是一个由简单到复杂的过程。企业越大，利益相关方就越多，联系也越多。在越来越复杂的联系中，企业家会感到，开始无法驾驭企业。

我们经常说的，"眼界决定境界""企业家的认知就是企业的天花板"，就是这个道理。企业家的认知水平高，他就能驾驭复杂程度高的企业。如果企业的复杂程度超过了企业家的认知水平，企业和企业家本人的风险都会很大，在这种情况下，即使请职业经理人也解决不了问题。所以说，企业进入瓶颈期后，企业家最需要做的事情就是学习和思考，然后启动企业的变革——自我否定式的变革。企业的问题，只有企业家自己能解决，除非清算收益后离场。

当开始从系统的层面认知企业时，企业家的认知就升级了，这是从企业现象到企业本质的认知升级。一旦企业家认清了企业的本质，抓住了企业的本质，驾驭企业就会变得简单。到了这个阶段，企业家会变得很洒脱，举重若轻，虽然口中经常谈的是常识，但他们已经实现认知的飞跃了。在这之前的瓶颈期，很多企业家会抑郁狂躁，筋疲力尽。但只要认清企业问题的本质，企业家就自由了。

企业家最初是静止地看待市场的，因为大家最初都是静止地看待这个世界的。只要能从市场上找到商机并获得利益，企业家就无法明确感受到市场的潜在变化。只有成功的企业才会逐步预知和感受到市场的巨变，曾经获得成功的方法已经无法确保未来的成功。这时，企业家会想到变革，但在这个阶段，企业家往往还是想通过一次变革解决所有问题，无法想象到，变革对于企业发展来说会是一种常态。变革是为了突破成长的边界，这个边界的限制来自企业自身，所以企业必须引入新的因素，获得新的成长。

华为的企业家，为了认知企业的本质，下了很大的功夫。在瓶颈期，华为能谈技术，能谈营销，但如果谈管理，它就像个什么都不懂的小学生。那时，华为下定决心，向世界最优秀的公司学习。任正非对最优秀企业的定义是：死过几次又活过来的公司，比如花旗、惠普和 IBM。这些基业长青的百年企业，都是愿景型企业，它们经过时代的洗礼能够持续兴旺发展。为了认知基业长青的基因，华为开始向 IBM 学习，自此华为走上了变革之路。学习成果是，华为经过 20 年的变革，赶超了中兴通讯、上海贝尔、UT 斯达康，走到全球前列。

企业智慧和认知

华为对企业管理的认知是，打造"以客户为中心，实现客户价值"的组织。华为强调，一切组织变革都是以此为核心。这就是华为企业家对组织和管理的本质的认知。基于对组织和企业管理的认识，管理者的职责是：第一，把公司的战略转化成一套可执行的语言，转化为流程和变革，驱动员工去实现战略；第二，认同企业文化价值观，并作为价值观的牵引者，引领组织前进；第三，不断迭代流程，提升组织效率。只要管理者履行了这些职责，部门墙就是件小事。

华为对利益的认知是，主张在客户、员工与合作者之间结成利益共同体。华为努力探索按生产要素分配的内部动力机制，绝不让雷锋吃亏，认为风险者定当得到合理的回报。

任正非说，为客户服务是华为存在的唯一理由。这不同于西方企业常见的价值观，西方企业一般是为股东服务。在这种利益认知指导下，华为是由员工持股的企业，任正非的持股比例只有1.4%。也因此，华为愿意在研发、战略市场、管理变革、IT 上进行巨额投入。股权结构驱动了华为投资未来，因为所有人都希望公司长期存在和成长。股权结构决定了企业家的行为，华为对办公园区建设的投入很大，办公环境越建越漂亮，越建越宜人。拥挤的高楼大厦是违背人性的，所以华为的园区都是园林式的，华为也因此吸引了很多顶尖人才。很多人不知道，任正非重视建设办公园区，不仅因为他最初是学建筑的，还有商业动机和商业价值方面的考量。

企业家还需要认知，不确定性是无法规避的。企业和房子都需要打理，这里说的是物质世界。企业家的精神世界也需要打理，这是意识和思想的领域。蜚声国际的竞争战略大师、哈佛商学院终身教授迈克尔·波特（Michael Porter）创办的管理顾问公司摩立特集团（Monitor Group），在历经近 30 年的崛起及衰落之后，终于向法院申请破产保护，之后被其他公司收购。照理说，作为管理大师，他的公司会规划得很好，但还是衰落了。一个企业的崛起可能因为某个长板，衰败的因素却很难预料。

不确定性是一个"幽灵"，你经常以为消灭了它，但一转身它又出现了。任正非是一个坚持把钱分掉的人，在华为，有了钱就要分掉，分掉了再去挣更多的钱，反复循环，不断地激励大家。

激励到位了，就能激发员工的潜能，在这个过程中也确定出了哪些是奋斗者。企业的死亡日期是不确定的，也不确定企业会因哪个因素而死掉。对于企业家而言，手上握有的现金可以通过分配给员工的方式耗散掉，但分钱会导致资源枯竭，可能导致企业死亡；企业家也可以尽量少分钱给员工，把钱放在手中以备不时之需，但这会导致员工积极性下降，组织失去活力，也可能导致企业死亡。企业家应该如何选择？任正非的答案是：用分钱的确定性，来应对企业死亡的不确定性。华为对组织效率的理解是，三个人干四个人的活，带来五个人的效益，多出来的利润由员工和华为分享。以给员工多分钱为起点，兼顾系统效率，设计组织模式，必然可以最大化地释放员工潜能，同时又可以在市场上建立非常有竞争力的薪酬优势。这就是为什么华为有一些员工顶着巨大的业务压力负重前行，但就是不愿意离开华为。对于人才而言，有活干和高收入缺一不可。

华为的无线产品线亏损了 10 年，按道理在这期间这支队伍肯定一直存在稳定性方面的重大风险，但是站在公司整体利益的角度，华为需要激励这支队伍。按照规则，奖金基于团队当期业绩发放，这是奖金机制的确定性，那该怎么办呢？最后的决策结果是，无线产品线向公司借钱发奖金，这一借就借了 8 年。直到 2006 年，华为无线产品突破欧洲市场，以及 2008 年，国家刺激经济增长，一次发放三张牌照，三大运营商建网，无线产品线一下子成为华为的明星，是公司无可争议的主要收入和利润来源，并归还了之前所借的发放奖金的钱。后来这种机制在华为被广泛借用，IT 产品线以及部分手机产品线也用过同样的办法。这是华为在管理上的创新，用奖金机制的确定性，应对产品生命周期的不确定性。

　　企业家对人才的认知也是不断发展的。企业需要从外界吸引优秀的人才，包括管理人才和技术人才。这些人才进入企业以后，要确保他们所奉行的价值观和经营理念与企业一致。当把企业交给经理人后，这个方向会不会发生根本性的改变，这其实是核心的问题。简单来说，组织内部要充满了"又红又专"的人，这是一个常识，也是关键。吸引到这些优秀的人才并把他们放在恰当的位置上用好，同时又能留住，这是很大的挑战。

企业管理哲学的核心是目的和价值观

　　德鲁克关于企业的三个经典命题是：我们的企业是什么？我们的企业将是什么？我们的企业应该是什么？德鲁克曾被美国通用汽车公司时任总裁斯隆邀请，作为顾问，为通用汽车公司寻找变革的方向。德鲁克的调研最后形成了一本书《公司的概念》[⊖]，这本书重点回答了这三个问题。斯隆当时授权给德鲁克，他可以参加通用汽车公司的任何会议，要求是最后提交一份报告，不需要迎合，不需要妥协，只需要一份客观的报告。德鲁克对这三个命题的回答，代表了现代企业理论。

　　关于公司本身，德鲁克认为生存是其最高法则。公司的生存与成功运行则取决于它能否处理好这样三个相互依存的问题：领

　　⊖　本书已由机械工业出版社出版。

导问题、基本政策问题以及行动和决策的标准问题。对大企业来说，持续产生足够有才能的领导尤为重要；同样，大企业还必须具备满足长期利益的基本政策；在实施各项政策时，必须具备不受人为因素影响的客观判断标准。只有同时满足这三个要求，企业才能持续稳定地发展。

任正非会见全球各大公司的董事长、CEO 时，有一个必谈的话题：企业是什么。思考并与其他优秀的企业家交流"企业是什么"这个命题，这项行为值得中国企业家学习。要知道，企业家的答案，就外化为了企业的现状，而企业家对这个命题的探索和学习，决定了企业未来的方向。

华为企业文化中的愿景和使命

企业管理的实践中，有些企业家思考的矛盾已经超越了企业的核心冲突，比如物质和精神的矛盾，这已经是哲学意义上的思考了。因为企业实践不断推动企业家的思维升级，思维不断升级，就会上升到哲学层面。华为之所以能够吸引非常多的人才，无非是两个因素：第一个因素是物质，包括华为的薪酬、待遇和工作环境、工作条件以及发展机会；第二个因素是精神，物质是必要条件，有了精神华为才具备充分条件。华为的精神就是华为的群体奋斗文化。人才有了，通过奋斗，能最大化地释放心理能量，发挥才能，获得精神上的自由。

企业文化的意义就在于此，文化的作用是潜移默化的，它会逐渐建立起组织的氛围，推动每个员工融入组织。遵循组织文化，个体就会快速成长，组织也会提供更多的成长机会。不遵循组织文化，个体就可能会被边缘化甚至被排斥。所以说，企业文化看起来很虚，但它的作用却是实在的，而且是长远的。谈到华为的愿景、使命和战略，不得不提《华为基本法》。

《华为基本法》的定位，是回答三个基本问题：华为为什么成功？华为过去的成功能否帮助它未来获得更大的成功？华为获得更大的成功还需要什么？贯穿《华为基本法》的主线，第一个是企业的使命和愿景，也就是企业追求什么；第二个是核心价值观；第三个是企业成长；第四个是价值创造与分配。

华为的核心价值观蕴涵着华为公司的愿景、使命和战略。《华为基本法》中关于核心价值观的第一条表述是"追求"。华为的追求是在电子信息领域实现客户的梦想，并依靠点点滴滴、锲而不舍的艰苦追求，成为世界级领先企业。在起草《华为基本法》的过程中，任正非加入了一段话："为了使华为成为世界一流的设备供应商，我们将永不进入信息服务业。通过无依赖的市场压力传递，使内部机制永远处于激活状态。"这是《华为基本法》公示表决时争议最大的一段话，有人认为应该把"永不进入信息服务业"这句话删掉，有人认为可以将它修改为"永不进入信息运营商领域，不抢客户的生意"，任正非都没有同意。企业不能依赖国家、政府，要为国争光，靠自己的竞争力、活力和执行力，在市场竞争中生存。华为这种"使内部机制永远处于激活状态"的企业文化，也一直在迭代发展。

在 2017 年华为的战略务虚会上，讨论了长期可持续发展的条件：方向要大致正确，组织要充满活力。这两句话上升到了管理的哲学层面。"方向要大致正确"，是指允许在方向上出现一些偏离或者偏差，但是从总体和长期来看，大致上是正确的。"组织充满活力"，是指组织要有战略执行力。即使方向出现偏差，但一旦认识到以后，组织就有能力把偏离的方向再纠正回正确的轨道上。很多出现问题后无法纠偏而倒下的大企业，不是没有资源，不是没有人才，不是没有技术，不是没有资金，而是没有活力，调整不过来。所以说，活力是方向调整的保障。

有人用两个字形容任正非："静"和"净"。华为有位管理人员，任正非非常愿意听这个人的汇报。别人就问，为什么我们的汇报不受欢迎呢？这位管理人员说，其实很简单，汇报时不要有揣摩任正非的想法。因为很多人做汇报，总想揣摩对方的想法。这位管理人员就是讲事实，事实怎么样就怎么样讲，按照自己想讲的讲就好。所以我们看到，当大家真心为公司的发展进步考虑，真心以客户为中心时，任正非是很安静的。任正非说，天空是灰色的。有些创业公司的老板为了吸引所谓的骨干或者外来高端人才，喜欢"画饼"，"画饼"时倾向于把天空描述成纯净的蓝色。但天空总会有云朵，甚至乌云密布，这时人才会很失望，认为你是个骗子，就会离开，也许去了另一个"骗子"那里。内心干净的人会认为天空是灰色的，他只是透过乌云看到了蓝天。

现在，华为的各种实践获得了成功，任正非又鼓励华为的高管进行分享，毫无保留，帮助推动中国其他企业发展，让这些企业能像华为一样成功，甚至比华为更成功，这也是任正非"产业报国"的初心。任正非有个基本的假设前提：钱简单地分给员工会增长员工的惰性，损失公司的战略竞争力；另外，通过客户获得过度的利润，就是在培养潜在的竞争对手。

任正非对灰色的理解有很多，他认为世界不是非黑即白的，灰色是一个很重要的哲学范畴和管理理念，由此引申到了华为干部必需的素质：开放、妥协。这些就是任正非的个人价值观，这些价值观与时代不确定性结合，造就了华为。任正非在2004年撰文描述了华为的愿景、使命和战略。如果你是一位企业家，那么无论你的企业有多大，立马放下本书，去写一篇文章，内容就是你的企业的愿景、使命和战略，并且公告全公司。

华为愿景

愿景是每个企业都会有的，区别只在于它是否清晰，以及大家是否对其有共识。越是大型的企业，取得愿景共识的难度就越大。对于"愿景"这个词，每个企业家的理解也是不同的。在任正非眼里，愿景带来公司的定位。同时，愿景也代表了一个企业家的格局，也代表了企业的格局。

在车轮发明前，人们主要靠步行获得交流的机会，靠声音进行传播，那时谈不上什么经济。在车轮发明后，人们学会了利用车和马获得交流的机会，诞生了方圆五六十平方公里的小区域经济，产生了小农经济的集市贸易，使封建主义成为可能。在火车、轮船发明后，产生了工业经济，金融的载体作用以及产品的远距离运输使资本主义成为可能。在航空器发明后，工业经济加速发展，在 20 世纪 70 年代末达到高峰。那时的经济是以核心制造为中心的工业经济，经济附加值主要来自产品的制造。

后来随着处理器（CPU）的发明，计算机开始普及，又随着光传输的发明与使用，形成了高速宽带网络。网络及管理软件的应用，使制造可以被剥离，并转移到低成本的国家，而且制造不再有高利润。发达国家正在从工业化走向去工业化，从而导致核心制造时代结束。20 世纪 90 年代，主要的附加值产生于销售网络的构造，销售网络的核心就是产品的研发与 IPR（知识产权）。因此，未来的企业之争、国家之争就是 IPR 之争，没有核心 IPR 的国家，永远不会成为工业强国。

由于制造可以被剥离出来，销售与服务可以贴近市场，它们之间的关联可以通过网络来进行，所以经济的全球化不可避免。经济全球化的核心是什么？过去，经济竞争的核心是战争；20 世纪七八十年代，经济竞争的核心是工业制造，是关税、许可证及配额贸易。现在这个时代是什么呢？由于网络的发明，市场和制造相分离，这个时代最重要的市场手段是 IPR，没有核心 IPR 的公司，在国际市场上被法律排斥。承担制造的企业是不能随意卖出产品的，这就是 IPR 之争。

以富士康为代表的代工企业，主要靠大规模生产、采购，来降低采购和制造成本，它们的毛利只有 3% ～ 5%，而拥有高科技 IPR 的企业可以使产品的毛利达到 40% ～ 60%。因此，将来的市场竞争就是 IPR 之争。没有核心 IPR 的国家，永远不会成为工业强国。我国国家提出要自主创新，要用法律保护自主知识产权，急功近利会使企业丧失竞争空间。

当然网络也会对国家产生负面影响，主要是意识形态方面。这些破坏与影响不可能通过技术手段来控制，主要靠法律，以及人们的自律。例如，互联网促进了技术的交流与进步，但也可能摧毁一个国家的正确价值观。

面对互联网带来的不确定性，华为从一开始创建就秉持全开放的心态，不回避全球化，在与西方公司的竞争中，获得了技术与管理的进步。华为在破除了狭隘的民族自尊心、狭隘的自豪感和狭隘的品牌意识后，走向国际化和成熟化。

华为说自己的愿景是，不断通过自己的存在，来丰富人们的沟通、生活与经济发展，这也是华为作为一个企业存在的社会价值。华为能够丰富人们的沟通和生活，也能够不断促进经济的全球化发展。在清晰地认识现实后，华为摆脱了自我束缚，企业愿景越来越得到认可，也更深入华为人的内心。

任正非站在历史角度对华为进行了定位：交通技术的发展推动以制造为中心的工业经济，信息技术的发展推动以沟通为中心的网络经济，而华为定位于网络经济中，并从一开始就自认为是国际化企业。也就是说，在任正非眼里，华为是代表了先进生产力的国际化企业。正是这样的愿景拉动了华为的一系列全球化决策。无论华为内外部环境如何变化，任正非个人遭遇何种困境，华为一直在向着这个方向前进，愿景就像一个指南针，指引华为在内外众多不确定性中前行，始终没有偏离主航道。

华为的愿景不是停留在纸面上的几句话，而是通过战略，直接决定了研发、生产和营销以及创新方向。愿景里讲丰富人们的沟通与生活，其实也是在讲未来网络对这个世界的作用。华为勇敢地面对全球化，发挥自己的优势，为自己争取到了更多的机会。既然华为的愿景是国际化信息技术企业，那么就得有取有舍，放弃既往的竞争方式，打造新的国际竞争力——IPR。而IPR又依赖于法律保护，既然将法律视为自身竞争力的一个重要部分，那么内部合规合法就理所当然了。

任正非相当重视内部合规，从这里可以看到其中内部的逻辑，是愿景使然，并非某种个人化的道德感，或者外部压力所致。这样的商业逻辑，意味着企业需要在 IPR 上大量投资，理想中也会带来高额利润。

任正非对于 IPR 有自己的认识。华为有 5000 多项专利，但没有一项是理论型基本专利，只有少量几项应用型准基本专利。理论型基本专利是发明或创造一项技术的基础，应用型基本专利是改进了这项发明的应用。这些基本专利决定了企业在市场上的基本地位，没有得到专利拥有者的许可，使用这些专利的产品在国际市场上的销售就不合法。这些专利的所有者有可能以公平的方式授予你许可，但也有可能即便以非常不公平的方式你也无法获得。因此没有基本专利，企业在市场上就没有地位。基本专利的形成是冰冻三尺，非一日之寒。即使是应用型基本专利，它的成长形成也至少需要 7～8 年。因此，一项应用型基本专利从形成到产生价值大约需要 7～10 年。

华为的基本专利的申请是比较滞后的，可见专利优势形成的时间是很漫长的。理论型基本专利需要的时间更长，一般需要 20～30 年。一项基本专利的形成过程一般是这样的：有先知先觉者认识到一个真理，开始人们并不能完全理解这些真知灼见，而从事这项发明的人常常不为人们所重视。经过若干年后，有一些志同道合者开始理解这项发明（基本专利）的理论意义，在相关理论上进行研究，形成一个发明族，这时又产生了若干基本专利（基本专利之间还存在价值不同）。这个时间少则 8～10 年，多则上百年。然后，大量的工程理论研究者开始进行实用性探索，找到了理论与技术的相关关系，为产生技术产品打下了技术理论基础。这时这些基本专利才引起人们的广泛注意，开始工业化的开发，而到人们得到实用的产品至少要经过 20～

30 年。

1958 年，上海邮电一所提出了蜂窝无线通信，即现在无线移动通信技术的基础，但它当时没有申请专利，因为那时连收音机都没有普及，谁会理解这项发明的巨大意义，想到这项发明今天会普及到全世界。我们可以看到，华为的愿景确立了它的知识产权观，也因此引导了它的投资方向。有些企业家无法做到"知行合一"，谈起愿景激情澎湃，落到实处寸步难行，这反映了企业家的认知地图是否清晰和宽阔。真正的认知是理性的，并且是能落到投资上的。

华为使命

多年以前，华为就提出：华为的追求是在电子信息领域实现客户的梦想。事实证明，这已成为华为人共同的使命。华为使命的具体描述是，聚焦客户关注的挑战和压力，提供有竞争力的通信解决方案和服务，持续为客户创造最大价值。这体现为，以客户需求为导向，保护客户的投资，降低客户的资本支出和营业成本，提高客户的竞争力和盈利能力。

我们看到，华为的存在丰富了人们的沟通和生活。今天，华为形成了无线、固定网络、业务软件、传输、数据、终端等完善的产品及解决方案，为客户提供端到端的解决方案及服务。目前，全球有 700 多个运营商选择华为作为合作伙伴，华为和客户将共同面对未来的需求和挑战。

从商业理性到企业文化

企业文化和商业结果之间没有必然的逻辑关系，但商业结果又真真实实是企业在文化土壤上结出的果，这往往成了很多企业家的困扰：如何通过塑造企业文化，推动团队和业务飞速成长。中华文明注重君子立言，以思想进行文化治理。任正非说他不写书，只会就时势发布一些讲话或者邮件。在中国的企业中，熠熠生辉的思想比框架化的理论体系更加接近"知行合一"和"言行一致"的企业实践。

从"为客户创造价值"的商业逻辑到"以客户为中心"的企业文化

华为说，为客户服务是华为存在的唯一理由。企业活下去的根本原因是利润，利润只能从客户那里来。华为的生存本身是靠满足客户需求，为客户提供所需的产品和服务并获得合理的回报来支撑的；员工是要给工资的，股东是要给回报的，而给华为钱的，只有客户。华为不为客户服务，还能为谁服务？客户是华为生存的唯一理由！既然决定企业生死存亡的是客户，提供企业生存价值的是客户，那么企业就必须为客户服务。

现代企业竞争已不是单个企业与单个企业的竞争，而是供应链与供应链的竞争。企业的供应链是一条生态链，将客户、合作者的命运维系在一起。只有加强合作，关注客户、合作者的利益，追求多赢，企业才能活得长久。因为只有帮助客户实现他们的利益，华为才能在利益链条上找到自己的位置。只有真正了解客户需求，了解客户的压力与挑战，并为其提升竞争力、提供满意的服务，客户才能与企业长期共同成长与合作，企业才能活得更久，所以华为需要聚焦客户关注的挑战和压力，提供有竞争力的通信解决方案及服务。华为对"为客户服务"的理解，是站在客户的角度看的：客户也不容易。客户面临强大的竞争，需要合作伙伴，需要依赖一整条供应链去赢得竞争。华为的想法很清晰，那就是从客户的真实利益中找到自己的利益，方法就是与客户一起"打仗"。这是华为在市场中竞争的理性思考。

华为认为，客户需求是华为发展的原动力。我们处在一个信息产品过剩的时代，这与物质社会的规律不一致。人们对物质的需求与欲望是无限的，而资源是有限的；信息恰好反过来，人们对信息的需求是有限的（人要睡觉，人口不能无限地增长……），而制造信息产品的资源是无限的。因此过去一味地崇拜技术，导致很多公司破产，但是企业没有先进技术也不行。华为的观点是，在产品技术创新上，要保持技术领先，但只能领先竞争对手半步，领先三步就会成为"先烈"，华为明确将技术导向战略转变为客户需求导向战略。以客户的需求为目标，以新的技术手段去实现客户的需求。技术只是一个工具，新技术一定是能促进质量好、服务好、成本低，否则是没有商业意义的。

真正认识客户需求，这里"真正"两个字最重要。很多企业沉醉在自己的先进性中，这里的"先进性"可能是产品，可能是眼界，这些企业以打败客户为乐，以为这样可以建立起自己的影响力，事实正好相反，客户讨厌"好为人师"的供应商。华为尝过其中的甜头。当年全球陷入 IT 泡沫时，通信设备商经常盲目引领各种新设备的更新换代。这在设备商的角度是能够获取更多利益的，但是华为在设备更新的策略上，很好地平衡了新旧设备之间的兼容和过渡，从而最大限度地保护客户的投资。比如，华为的移动软交换可以在 2G 和 3G 网络通用，华为的 SingleRAN 基站产品可以通过更换有限的几块射频板达到平滑扩容。这些策略看起来是设备商吃亏了，但是站在客户的角度，它们给客户带来新价值的同时保护了客户的投资，反而使华为的产品广泛地被客户接受，成为华为突破欧洲高端市场的利器，并最终帮助华为成为电信设备厂商的世界第一。

谁都无法预料 IT 泡沫破灭的到来，在这个充满不确定性的世界里，只有站在客户的角度，满足当下客户的需求才是真正的确定性。所以，真正准确认识客户当下的需求，是华为世界领先的法宝。在某个阶段，客户的需求可能是成本最优，到另一个阶段，客户的需求又可能是技术领先。了解客户当下的需求不难，难的是企业能否有"定力"，以这个确定性，引领战略，集中资源攻下山头。

另外，企业经常会以延长线思维，做"刻舟求剑"的事情，这就是被以前的成功蒙蔽了。以前的成功是因为满足了客户以前的需求，客户的需求变了，企业家如果拒绝承认这种变化，"掩耳盗铃"，难免一败。对于客户需求，每个人都有长篇大论，但只有真正认识到客户需求的人，才能将客户需求转化为商业上的成功。对于"真正认识客户需求"的理解，引导出了华为的创新观：反对盲目创新，追求领先半步而不是领先三步。在泡沫经济破灭后，华为从竞争对手那里，以较低的价格买到了很多有用的新技术。

以客户为中心并不是机会主义的选择，而是华为建构企业的基石，包括基于客户需求导向的组织、流程、制度及企业文化建设、人力资源和干部管理。华为基于客户需求导向的组织建设包括管理层、市场营销团队和售后服务团队等。管理层中有专门的客户团队，确保管理团队走在客户需求驱动的路上。华为请 IBM 建立了客户需求驱动的市场战略规划方法论，以及市场战略管理流程和模式。

华为还执行"客户在哪里，客户服务就建在哪里"的策略，中国 30 多个省市和 300 多个地级市以及全球 90 多个国家和地区都有华为的服务机构。整天与客户在一起，就能够知道客户需要什么，以及在设备使用过程中有什么问题，有什么新的改进，这些都可以及时反馈到公司。华为基于客户需求导向进行产品投资决策和产品开发决策。华为的投资决策是建立在对客户多渠道收集的大量市场需求的去粗取精、去伪存真、由此及彼、由表及里的分析理解基础上的，并以此来确定是否投资及投资的节奏。已立项的产品在开发过程的各阶段，要基于客户需求来决定是否继续开发或停止，加快或放缓。在产品开发过程中构筑客户关注的质量、成本、可服务性、可用性及可制造性。

在华为，任何产品一立项，就会成立由市场、开发、服务、制造、财务、采购、质量部门的人员组成的跨部门团队。华为内部称为"重量级"团队，这个团队对产品的整个开发过程进行管理和决策，确保产品一推到市场就能满足客户需求。通过服务、制造、财务、采购等流程后端部门的提前加入，在产品设计阶段，就充分考虑和体现了可安装、可维护、可制造的需求，以及成本和投资回报。产品一旦推向市场，全流程各环节就都做好了准备，能够做到上市即上量。这些都是华为在市场竞争中成功的基因，当我们开始谈论这些业务背后的人的时候，对企业的思考就到了文化的层面。

基于客户需求导向的人力资源及干部管理，是从客户到产品，再到人的思考过程，在这个思考过程中，有商业理性，也有企业文化。

在华为，客户满意度是从总裁到各级干部的重要考核指标之一。客户满意度是委托盖洛普公司帮助调查的。客户需求导向和为客户服务蕴含在员工招聘、选拔、培训教育和考核评价之中，强化对客户服务贡献的关注，将干部、员工选拔培养的素质模型固化到招聘面试的模板中。满足客户需求，其实比技能更重要的是意志力，比意志力更重要的是品德，比品德更重要的是胸怀，胸怀够大，能攻克的客户就够多、够大。这就是华为基于客户需求导向的、高绩效的、静水潜流的企业文化。

华为认为自己是一个功利性组织，一切围绕商业利益展开，而服务客户是换来商业利益的唯一途径。服务包括售后服务，以及从产品的研究、生产到产品生命终结前的优化升级等，华为通过各种机制，不断强化这些意识，驱动组织用优良的服务去争取客户的信任。在华为大学的新员工培训中，任正非认为新员工必读的是《致加西亚的信》《致新员工书》《天道酬勤》《华为的核心价值观》这四篇文章，从而培养新员工的客户意识和奋斗精神。

华为的客户导向，没有仅仅停留在口号上，而是落在了组织的架构、科学的战略规划、人员管理的每一个环节。如果把华为比作一件衣服，那么客户就是这件衣服的衣领，只要把衣领拎住，整件衣服就顺了。整个华为的动态管理过程，就像不断在"拎衣领"，用客户需求去"拽一拽"公司流程。

华为有个故事叫作"凌晨 4 点的响应"。华为在呼和浩特有一个经销商，一直专销华为的数据产品。有一天，这个经销商的张董事长去参加客户的招投标，客户看了他的方案表示可以接受，并提出希望能在第二天的上午 11 点有专家过来与其公司总工聊一下产品未来的组网方案。这事把张董事长给难倒了，因为他的团队里没有这样的专家。怎么办呢？当天晚上张董事长辗转反侧，难以入眠。到了凌晨，他灵机一动，想到能否让华为派个专家过来，临时作为公司员工参加第二天的面谈。但是眼看着已经凌晨两点了，找人也不方便，于是打算作罢。然而到了凌晨四点，张董事长依然睡不着，于是他就试着给华为呼和浩特的客户经理小李打了电话，说了第二天的情况。小李说，"半小时之内我给您回电话"。结果没到半小时，小李就打电话说已经安排好了，第二天早上北京华为研究所的罗专家过去，支持招投标的工作。第二天早上，罗专家坐最早的班机到达，并向张董事长了解了前期谈的需求、客户的要求、之前报的方案等。然后罗专家就代表经销商去跟客户的总工谈了，总工很满意，最后经销商拿到了这次招投标的最大份额。上午招投标结束之后，罗专家马上又要坐飞机回去。张董事长说"来回机票钱我们得付，不能让你们又出钱，又出人，又出力的"，然而罗专家拒绝了，他说钱华为已经付了……

后来张董事长问了两个问题：第一，客户经理小李是如何找到罗专家的？第二，机票钱是谁出的？这个案例实际上是很典型的，客户的要求很高时，我们如何去满足？答案是这样的，第一，是小李直接找到了罗专家；第二，机票钱也是小李出的。那么小李和罗专家之前认识吗？实际上他们之前就认识，他们已经被组建成团队，早就训练有素，等待着客户的召唤。这就是华为的"一线呼唤炮火，让听到炮火的人做出决策"。华为实现这件事情很简单，打个电话，买张机票。重点要问的是，为什么很多企业不能实现这么简单的事情？这个案例说明了华为的"以客户为中心"的理性商业文明与企业文化有机结合，并释放出组织活力，才能带来这样的结果。

以客户为中心，要体现在帮客户获得价值上

真正认识到"质量好，服务好，运作成本低，优先满足客户需求"是提升客户效力和盈利能力的关键，也是华为的生存法则。客户的要求是质量好，服务好，价格低，且快速响应需求，这是客户朴素的价值观，也决定了华为的价值观。但是质量好，服务好，价格低，快速响应需求往往意味着高成本，高价格，而客户又不能接受高价格，所以华为必须做到质量好，服务好，价格低，优先满足客户需求，才能达到客户要求，才能生存下去。价格低意味着需要降低内部运营成本，优化各个运营环节，合理控制工资薪酬。

企业家的使命就是面临这样的局面——客户要求高质低价的服务，员工希望高收入，企业家必须平衡这些看似相互矛盾的要素，唯一的方法就是不断提升管理水平。以管理规则的确定性，应对随时存在的利益冲突。一旦实现了高质量的客户价值，员工的收入就不会是问题。华为就是这样，在比较高的水平上实现了平衡。

1998 年，华为和泰国 AIS 合作时，AIS 还是一个小型移动运营商。华为快速响应 AIS 的需求，并提供质量好、服务好的产品和解决方案。1999 年 6 月，AIS 和 DTAC[⊖]同时推出了预付费业

　　⊖　DTAC 是泰国第二大移动运营商。

务。华为为 AIS 提供产品、解决方案及服务，先后 8 次对设备进行建设和扩容，帮助 AIS 把竞争对手甩得远远的。华为在 60 天内完成了设备的安装和测试，快速满足了 AIS 的需求，为 AIS 领先对手快速抢占市场赢得了时间。后来，AIS 一跃成为泰国最大的运营商，一度成为泰国股市中市值最高的公司。华为与 AIS 也建立了牢固的合作伙伴关系。像这样的例子，在华为数不胜数，华为只是在帮客户获得高额价值后，"分了一杯羹"而已。

端到端流程再造是"以客户为中心"在华为"如何做事"上的体现

端到端流程是指从识别客户需求出发，到满足客户需求结束，持续提供端到端服务，端到端的输入端是市场，输出端也是市场。流程就像下水道，经常会堵塞，持续管理变革，才能保持流程长期通畅。建立流程化的组织，减少了中间层，如果减掉一级组织或者每一层都减少一批人，成本就会下降。

高效的流程化组织，一方面降低了成本，另一方面提高了交付给客户的价值，一举两得。端到端流程是在业务上实现以客户为中心的秘密所在。当流程不依赖于企业家，自动为客户创造价值时，企业家才能从事务性工作中脱离出来，思索企业更为本质的问题，并获得内心的自由。在持续变革的过程中，要借鉴世界先进经验。这里存在一个"取其精华，为我所用"的过程，原则上需要"先僵化，后优化，再固化"，坚持"小改进，大奖励；

大建议，只鼓励"式的优化。这些流程再造的经验看似神秘，其实从客户的角度来看，非常容易理解：首先，客户希望控制为自己提供价值的流程，他们希望自己"拽着"流程的一个头，只要他们轻轻"拽一下"，企业从前端到后端都"为之一振"；其次，客户不喜欢流程动辄变得面目全非，所以渐进式变革是最好的；最后，客户希望企业在流程再造时，让一些令人不舒服的"僵化"留在企业内部，让企业内部去"消化"变革的不适。

从 1998 年起，华为系统地引入世界级管理咨询公司的管理经验，在集成产品开发、集成供应链、人力资源管理、财务管理、质量控制等诸多方面，与 IBM、合益集团、美世咨询、普华永道、德勤、弗劳恩霍夫应用研究促进协会（FhG）、盖洛普、NFO-TNS、Oracle 等公司展开了深入合作，全面构筑客户需求驱动的组织流程和管理体系。华为通过与上述公司合作，引入先进的管理理念和方法论，从业务流程、组织、品质控制、人力资源、财务、客户满意度六个方面进行了系统变革，把公司业务管理体系聚焦到创造客户价值这个核心上。经过不断改进，华为的管理已与国际接轨，不仅经受住了公司业务持续高速增长的考验，而且赢得了海内外客户及全球合作伙伴的普遍认可，有效支撑了公司的全球化战略。

在中西文化融合的话题中，我们经常见到"中体西用"一词。当华为确定了愿景、使命和价值观的"体"后，借用西方的"用"并不会影响企业的大方向。华为迅速消化了西方管理科学发展出来的很多工具，与华为合作的这些公司也经常与各大外企合作。也就是说，华为使用了与外企相同的管理方法论，而且很好地落地了。

在人力资源管理方面，华为超越了这些外企，这就是华为成功的秘诀所在。华为的成功也说明，西方的管理科学理论和方法在中国不存在"水土不服"的问题，关键在于企业家的思维水平以及企业文化能否融合这些先进的科学理论和方法，科学和文化的化学反应会催生中国真正的现代化企业。客户用脚投票，会奖励先进的思想和文化。国内很多产业面临着类似的机遇与挑战，比如医药行业。国内医药企业面临着重大的转型挑战和选择，仅仅通过从外企挖人，是无法解决根本问题的。

信息化往往是企业的科学和文化交锋的一个战场，华为的信息化就是另一个案例。一个企业的信息化应该包含把企业所有管理成熟的流程制度根植于数据库和IT网络，使任何行政和业务的处理都能由企业信息化系统来支持。经过数年努力，华为建立了一个面向全球的企业信息化系统，90%以上的行政和业务都可以在这个信息化系统里完成。建立信息化的阻力来自内部，因为信息化后领导就没权了。信息化的同时，华为裁减了2000个中层岗位，很多变革者变革完成后没有岗位了。这是很残酷的，但是实现价值的方式。华为降低了成本，提高了效率，能为客户创造更多的价值。在计算机和人"交锋"的过程中，华为建立了信息化系统，实现了企业管理的升级。

华为从 1997 年开始与合益集团合作进行人力资源管理变革。在合益集团的帮助下，华为建立了职位体系、薪酬体系、任职资格体系、绩效管理体系以及岗位、角色的素质模型，在此基础上形成了华为员工的选、育、用、留原则和干部选拔、培养、任用、考核原则。这是科学和文化在华为人力资源管理领域的"交锋"。

华为通过与普华永道、IBM 合作，不断推进核算体系、预算体系、监控体系和审计体系流程的变革，在以业务为主导，以会计为监督的原则指导下，构建完成了业务流程端到端的打通，构建了高效、全球一体化的财经服务、管理、监控平台，还更有效地支持了公司业务的发展。通过落实财务制度流程、组织机构、人力资源和 IT 平台的"四统一"，支撑不同国家、不同法律业务发展的需要；通过审计、内控、投资监管体系的建设，降低和防范公司的经营风险；通过"计划—预算—核算—分析—监控—责任考核"闭环的弹性预算体系，以有效、快速、准确、安全的服务业务流程，利用高层绩效考核的宏观牵引，促进公司经营目标的实现。这是科学和文化在华为财经领域的"交锋"。

在质量控制和生产管理方面，华为与 FhG 合作，在对方的帮助下，华为对整个生产工艺体系进行了设计，包括立体仓库、自动仓库和整个生产品线的布局，从而减少了物料移动，缩短了生产周期，提高了生产效率和生产质量。这是科学和文化在华为质量控制和生产管理领域的"交锋"。

华为与国际咨询公司合作的成功不是个例，值得所有企业学习和借鉴。虽然华为本身可能无法复制，但是其获得成功的方法论和思维方式是可以借鉴的。不因企业文化排除科学，不因科学废除企业文化。

以客户为中心可以帮助竞争对手更好地服务客户

在不断获得市场成功的同时，任正非始终强调与包括竞争对手在内的业界友商积极合作，共同打造健康的产业链，从而为最终客户创造最大价值。比如，2003年华为与美国3Com公司合作成立了合资企业，华为投入低端数通技术和开发团队（占51%的股份），3Com公司出资1.65亿美元（占49%的股份）。这样一来，3Com公司就可以把研发和生产中心转移到中国，实现成本的降低，而华为则可以利用3Com公司世界级的网络营销渠道来销售华为的数通产品，大幅提升产品的销量。这样双方就能够实现优势互补、互惠双赢，这也为华为的资本运作积累了一些经验。既培养了人才，又开创了国内企业国际化合作的新模式。

从"以客户为中心"为出发点理解竞争，在"道"的层面理解竞争，就可以实现商业结果和企业文化的双赢。

企业家要做的事情是"带着大伙去打粮食"，去哪里打粮食和如何打到粮食，任正非给出了自己的答案。在网络时代，通信这个领域的粮食肯定是丰厚的，而且任正非带着大家打全球的粮食。华为凭什么能打到粮食？任正非的答案是，客户是华为制胜的法宝，华为"削足适履"地吸收西方现代管理工具，将熠熠生辉的思想全面融入华为文化之中。华为以客户为中心，为客户创造价值，实现了商业成功。这些不是通过喊口号实现的，而是华为通过现代企业管理的理念和方法，带着一群"奋斗者"一起实现的，并且这些理念和方法通过企业家的反思和自我批判不断迭代。这就是任正非对于如何打到粮食的理解。如果你是一个企业家，你如何回答这个问题？

小　结

华为在创造价值和利润的同时也在思考，而任正非的思考是核心。时代给了企业家机会，其实就是给企业家设下了一个充满不确定性的赌局，企业家要去争取一场胜利。企业家的梦想依托于价值观，通过思考，外化为企业的文化和价值观，以此去应对时代的不确定性。

现实中，企业不仅要追逐利润，还要承受各种内外冲突，以及所处时代的不确定性。企业家要做的是，透过企业运营中的现象看到成功企业的本质。企业家是解决这些冲突的人，或者说，企业家在利用这些冲突产生的能量推动企业前进。企业家学习华为，就要像华为一样，认真思考企业运营的底层逻辑和基本冲突，在不断的自我批判中，探索这些矛盾的解决方案，而且要辩证地看待这些矛盾，不要指望一劳永逸地解决问题。企业家在精神上是永远无法休息的。企业中的根本矛盾是资源和人之间的矛盾，也是商业追求和企业文化之间的矛盾，如何让商业追求和企业文化不断融合，并相互推动、互为滋养，这是企业家在"道"的层面需要进行的思考。

企业家的基本内功是，学习一些哲学思考的方法，从整体上去认知世界。企业运营的过程是一个不断升级认知的过程，包括对价值的认知、对竞争的认知、对人才的认知、对企业管理的认知、对不确定性的认知等，这些才是在背后推动企业家做决策的关键。可以说，企业家的思考能力和自我批判能力，是企业存亡的关键。

企业家的学习和系统思考，会统一落实在企业的愿景、使命和战略的描述上，这些具体的描述来自企业家的思维和格局，也带着企业走向远方，它决定了企业的命运。这些描述也是在回答德鲁克关于企业的三个基本问题：我们的企业是什么？我们的企业将是什么？我们的企业应该是什么？

所以，学习华为，首先要学习华为的思想和企业文化，重点是学习华为的思考。

会 计 极 速 入 职 晋 级

书号	定价	书名	作者	特点
66560	49	一看就懂的会计入门书	钟小灵	非常简单的会计入门书；丰富的实际应用举例，贴心提示注意事项，大量图解，通俗易懂，一看就会
44258	49	世界上最简单的会计书	（美）穆利斯 等	被读者誉为最真材实料的易懂又有用的会计入门书
59148	49	管理会计实践	郭永清	总结调查了近1000家企业问卷，教你构建全面管理会计图景，在实务中融会贯通地去应用和实践
70444	69	手把手教你编制高质量现金流量表：从入门到精通（第2版）	徐峥	模拟实务工作真实场景，说透现金流量表的编制原理与操作的基本思路
69271	59	真账实操学成本核算（第2版）	鲁爱民 等	作者是财务总监和会计专家；基本核算要点，手把手讲解；重点账务处理，举例综合演示
57492	49	房地产税收面对面（第3版）	朱光磊 等	作者是房地产从业者，结合自身工作经验和培训学员常遇问题写成，丰富案例
69322	59	中小企业税务与会计实务（第2版）	张海涛	厘清常见经济事项的会计和税务处理，对日常工作中容易遇到重点和难点财税事项，结合案例详细阐释
62827	49	降低税负：企业涉税风险防范与节税技巧实战	马昌尧	深度分析隐藏在企业中的涉税风险，详细介绍金三环境下如何合理节税。5大经营环节，97个常见经济事项，107个实操案例，带你活学活用税收法规和政策
42845	30	财务是个真实的谎言（珍藏版）	钟文庆	被读者誉为最生动易懂的财务书；作者是沃尔沃原财务总监
64673	79	全面预算管理：案例与实务指引（第2版）	龚巧莉	权威预算专家，精心总结多年工作经验／基本理论、实用案例、执行要点，一册讲清／大量现成的制度、图形、表单等工具，即改即用
61153	65	轻松合并财务报表：原理、过程与Excel实战	宋明月	87张大型实战图表，手把手教你用EXCEL做好合并报表工作；书中表格和合并报表的编制方法可直接用于工作实务！
70990	89	合并财务报表落地实操	蔺龙文	深入讲解合并原理、逻辑和实操要点；14个全景式实操案例
54616	39	十年涨薪30倍	李燕翔	实录500强企业工作经验，透视职场江湖，分享财务技能，让涨薪，让升职，变为现实
69178	169	财务报告与分析：一种国际化视角	丁远	从财务信息使用者角度解读财务与会计，强调创业和创新的重要作用
69738	79	我在摩根的收益预测法：用Excel高效建模和预测业务利润	（日）熊野整	来自投资银行摩根士丹利的工作经验；详细的建模、预测及分析步骤；大量的经营模拟案例
64686	69	500强企业成本核算实务	范晓东	详细的成本核算逻辑和方法，全景展示先进500强企业的成本核算做法
60448	45	左手外贸右手英语	朱子斌	22年外贸老手，实录外贸成交秘诀，提示你陷阱和套路，告诉你方法和策略，大量范本和实例
70696	69	第一次做生意	丹牛	中小创业者的实战心经；赚到钱、活下去、管好人、走对路；实现从0到亿元营收跨越
70625	69	聪明人的个人成长	（美）史蒂夫·帕弗利纳	全球上亿用户一致践行的成长七原则，护航人生中每一个重要转变

财务知识轻松学

书号	定价	书名	作者	特点
45115	39	IPO财务透视：方法、重点和案例	叶金福	大华会计师事务所合伙人经验作品，书中最大的特点就是干货多
58925	49	从报表看舞弊：财务报表分析与风险识别	叶金福	从财务舞弊和盈余管理的角度，融合工作实务中的体会、总结和思考，提供全新的报表分析思维和方法，黄世忠、夏草、梁春、苗润生、徐珊推荐阅读
62368	79	一本书看透股权架构	李利威	126张股权结构图，9种可套用架构模型；挖出38个节税的点，避开95个法律的坑；蚂蚁金服、小米、华谊兄弟等30个真实案例
70557	89	一本书看透股权节税	李利威	零基础50个案例搞定股权税收
52074	39	财报粉饰面对面	夏草	夏草作品，带你识别财报风险
62606	79	财务诡计（原书第4版）	（美）施利特 等	畅销25年，告诉你如何通过财务报告发现会计造假和欺诈
58202	35	上市公司财务报表解读：从入门到精通（第3版）	景小勇	以万科公司财报为例，详细介绍分析财报必须了解的各项基本财务知识
67215	89	财务报表分析与股票估值（第2版）	郭永清	源自上海国家会计学院内部讲义，估值方法经过资本市场验证
58302	49	财务报表解读：教你快速学会分析一家公司	续芹	26家国内外上市公司财报分析案例，17家相关竞争对手、同行业分析，遍及教育、房地产等20个行业；通俗易懂，有趣有用
67559	79	500强企业财务分析实务（第2版）	李燕翔	作者将其在外企工作期间积攒下的财务分析方法倾囊而授，被业界称为最实用的管理会计书
67063	89	财务报表阅读与信贷分析实务（第2版）	崔宏	重点介绍商业银行授信风险管理工作中如何使用和分析财务信息
58308	69	一本书看透信贷：信贷业务全流程深度剖析	何华平	作者长期从事信贷管理与风险模型开发，大量一手从业经验，结合法规、理论和实操融会贯通讲解
55845	68	内部审计工作法	谭丽丽 等	8家知名企业内部审计部长联手分享，从思维到方法，一手经验，全面展现
62193	49	财务分析：挖掘数字背后的商业价值	吴坚	著名外企财务总监的工作日志和思考笔记；财务分析视角侧重于为管理决策提供支持；提供财务管理和分析决策工具
66825	69	利润的12个定律	史永翔	15个行业冠军企业，亲身分享利润创造过程；带你重新理解客户、产品和销售方式
60011	79	一本书看透IPO	沈春晖	全面解析A股上市的操作和流程；大量方法、步骤和案例
65858	79	投行十讲	沈春晖	20年的投行老兵，带你透彻了解"投行是什么"和"怎么干投行"；权威讲解注册制、新证券法对投行的影响
68421	59	商学院学不到的66个财务真相	田茂永	萃取100多位财务总监经验
68080	79	中小企业融资：案例与实务指引	吴瑕	畅销10年，帮助了众多企业；有效融资的思路、方略和技巧；从实务层面，帮助中小企业解决融资难、融资贵问题
68640	79	规则：用规则的确定性应对结果的不确定性	龙波	华为21位前高管一手经验首次集中分享；从文化到组织，从流程到战略；让不确定变得可确定
69051	79	华为财经密码	杨爱国 等	揭示华为财经管理的核心思想和商业逻辑
68916	99	企业内部控制从懂到用	冯萌 等	完备的理论框架及丰富的现实案例，展示企业实操经验教训，提出切实解决方案
70094	129	李若山谈独立董事：对外懂事，对内独立	李若山	作者获评2010年度上市公司优秀独立董事；9个案例深度复盘独董工作要领；既有怎样发挥独董价值的系统思考，还有独董如何自我保护的实践经验
70738	79	财务智慧：如何理解数字的真正含义（原书第2版）	（美）伯曼 等	畅销15年，经典名著，4个维度，带你学会用财务术语交流，对财务数据提问，将财务信息用于工作